全国一级建造师执业资格考试辅导丛书

建设工程经济辅导用书

JIANSHE GONGCHENG JINGJI FUDAO YONGSHU

唐菁菁 编著

以教材为蓝本
以真题为统领
以最新考试大纲为准绳

知识产权出版社
全国百佳图书出版单位

图书在版编目(CIP)数据

建设工程经济辅导用书 / 唐菁菁编著. -- 北京 : 知识产权出版社, 2015.5

ISBN 978-7-5130-3399-2

Ⅰ. ①建… Ⅱ. ①唐… Ⅲ. ①建筑经济-建筑师-资格考试-自学参考资料 Ⅳ. ①F407.9

中国版本图书馆CIP数据核字(2015)第053946号

内容提要

　　本书的编写根据一级建造师执业资格考试《建设工程经济》考试大纲和考试用书(第四版),并结合作者常年从事一级建造师执业资格考试培训积累的经验和资料。本书的内容有五个部分:复习方法与应试技巧、知识要点及典型例题、各章习题、2013年和2014年真题及解析、2015年模拟卷及解析。建议考生仔细领会复习方法和应试技巧,并在复习知识要点和做题时应用好这些方法和技巧。

责任编辑:陆彩云　徐家春　　　　　　　　　　责任出版:孙婷婷

建设工程经济辅导用书

JIANSHE GONGCHENG JINGJI FUDAO YONGSHU

唐菁菁　编著

出版发行: 知识产权出版社 有限责任公司		网　　址:http://www.ipph.cn	
电　话:010-82004826		http://www.laichushu.com	
社　　址:北京市海淀区马甸南村1号		邮　编:100088	
责编电话:010-82000860转8573		责编邮箱:xujiachun625@163.com	
发行电话:010-82000860转8101/8029		发行传真:010-82000893/82003279	
印　　刷:北京中献拓方科技发展有限公司		经　销:各大网上书店、新华书店及相关专业书店	
开　　本:787 mm×1092 mm　1/16		印　张:12.75	
版　　次:2015年5月第1版		印　次:2015年5月第1次印刷	
字　　数:254千字		定　价:50.00元	

ISBN 978-7-5130-3399-2

前　言

在历年一级建造师执业资格考试中，"建设工程经济"的单科合格率在三门基础科目中一般都是最低的。为帮助考生提升学习效率，掌握应试技巧，提高合格率，特编写此书。

本书的编写根据一级建造师执业资格考试"建设工程经济"考试大纲和考试用书（第四版），并结合作者常年从事一级建造师执业资格考试培训积累的经验和资料。本书的内容有五个部分：复习方法与应试技巧、知识要点及典型例题、各章练习题、2013年和2014年真题及解析、2015年模拟卷及解析。建议考生仔细领会复习方法和应试技巧，并在复习知识要点和做题时应用好这些方法和技巧。

预祝各位考生顺利通过考试！

唐菁菁

2015 年 3 月

目 录

复习方法与应试技巧

一、本考试科目分析

比较历年一级建造师执业资格考试三门基础课的合格率，"建设工程经济"的单科合格率一般都是最低的。"建设工程经济"的内容由相对独立的三大知识模块构成，概念多，计算多，特别是很多工程师缺乏工程财务方面的理论基础。

2014 年是使用第四版一级建造师执业资格考试用书的第一年，当年"建设工程经济"考试真题分值的各章分布见下表：

2014年真题分值分布	单选题	多选题	合计
1Z101000工程经济	17	14	31
1Z102000工程财务	16	12	28
1Z103000建设工程估价	27	14	41
合计	60	40	100

"建设工程经济"考题为 60 道单选题、20 道多选题，满分 100 分，60 分合格。据上表，显然，第三章"1Z103000 建设工程估价"的分值最高，在复习时要特别注意。

二、复习方法

（一）用好本辅导书

本辅导书是作者多年从事一级建造师执业资格考前培训的经验总结，首先给考生复习了《建设工程经济》各章节的基础知识，并配合了一些典型例题解答，之后提供了各章节习题以及 2013 年、2014 年的考试真题及解答，最后预测了 3 套模拟卷供考生自测用。

本书的第一个作用——帮助考生"读薄教材"。《建设工程经济》考试用书有 300 余页，很多知识点叙述繁复，不利于考生理解和记忆。本书仅用前半部分帮助考生复习了教材中的全部知识要点，还配合了必要的典型例题解答。用好本书，考生必定事半功倍。

本书的第二个作用——帮助考生"强化练习"。考生为检验自己是否理解了概念、掌握了计算，做题是必需的。习题贵精不贵多，考生与其打题海战术，不如多复习两遍知识要点。本书给考生提供了各章习题、往年考试真题、3 套模拟卷，习题量足够。

本书的第三个作用——帮助考生"适应考试"。结合本书介绍的复习方法和应试技巧，考生先通过复习本书的知识要点和做本书的各章习题，在平时养成良好的学习和做题习惯，比如：先理解再记忆、舍弃众多细节、做题排除与确认并重、多选题宁缺毋滥等，再通过做往年考试真题和模拟卷，做到适应考试难度、体会 2 小时考试时间安排等。

（二）突出重点章节

《建设工程经济》三章的重点、难点也是考试分值最多的节是很明显的：

"1Z101000 工程经济"的重点是前三节：1Z101010 资金时间价值的计算及应用、1Z101020 技术方案经济效果评价、1Z101030 技术方案不确定性分析；

"1Z102000 工程财务"的重点有三节：1Z102010 财务会计基础、1Z102020 成本与费用、1Z102070 筹资管理；

"1Z103000 建设工程估价"的重点有四节：1Z103010 建设工程项目总投资、1Z103020 建筑安装工程费用项目的组成与计算、1Z103070 工程量清单计价、1Z103080 计量与支付。

考生应在以上 10 个重点节的复习上花更多的时间、精力，牢固掌握其重点、难点知识。尤其是 1Z103070 工程量清单计价、1Z103080 计量与支付，这两节的基础知识和相关计算还将出现在专业实务考试的案例题中。

（三）抓基础，舍细节

考生在复习备考时首先应该端正一个应试心态：抓住基础知识，舍弃众多细节。一级建造师执业资格考试是合格考试，尤其三门基础课重在考查考生是否掌握了基础知识，许多重要知识几乎年年必考且占分值高。再者考试是"60 分万岁"，所以考生应集中精力掌握好基础知识，大胆舍弃教材中的大量旁枝末节知识，千万不要勉强自己记住教材的每一句话。

本辅导书的"知识要点及典型例题"部分就是"建设工程经济"的重要基础知识，考生应反复熟悉。温故而知新、前后融会贯通、对比记忆、差异记忆等方法很重要。如"工程经济"一章中技术方案的"投资"含流动资金（教材 P49），"工程估价"一章中生产性项目的"投资"仅含铺底流动资金（教材 P157：按流动资金的 30% 计）。而何为流动资金？教材 P49：流动资金是流动资产与流动负债的差额。流动资产和流动负债的概念见"工程财务"一章（教材 P90、91），要理解为何会出现流动资产与流动负债的差额，则要结合筹资策略之一的稳健型筹资（教材 P144）。

（四）概念计算并重

《建设工程经济》的很多重要知识都是概念和计算密切结合的,考生应并重掌握。有的宜先理解概念再掌握计算,如利息、利率;有的宜通过计算公式理解概念,如营业利润、利润总额、净利润;有的概念有相通之处,故计算也有相似之处,如固定资产经济寿命 $N_0 = \sqrt{\dfrac{2(P-L_N)}{\lambda}}$,存货采购经济批量 $Q^* = \sqrt{\dfrac{2KD}{K_2}}$ 。

有的计算方法必须重视其适用条件。如增量投资收益率法适用于一个新方案与一个原方案比较,折算费用法适用于多个新方案选择最优。有的计算,使用前提不同,结论就不同,如多方案择优时,价值系数 V 最高的方案最优;而一个产品确定需要改进的功能区时,价值系数 $V=1$ 的功能区是最优的,无须改进。

（五）养成良好习惯

好习惯1:反复复习知识要点。看书重要还是做题重要?看书更重要!先看懂了、理解了、记住了知识要点,再通过适当做题来检验和巩固知识点。时间紧张的考生,建议做好两件事:熟悉本书的知识要点;做好本书的三套模拟卷。

好习惯2:闭卷做题。复习好了某一章节的知识要点,可以做做该章节的习题,但应该闭卷做题,计算题应写下计算过程,全部做完一章节习题最后核对答案后,猜对的和做错的题目一定要回到知识要点,弄懂答案。

好习惯3:做题落实知识。做各章习题、往年考试真题、模拟卷,都不是为了做题而做题,更不是死记硬背题目答案,而是通过做题落实到知识点,做到举一反三。

好习惯4:做往年真题、模拟卷时养成应试技巧,如排除与确认并重,单选题学会猜,多选题宁缺毋滥,掌控好做题速度等。

好习惯5:重视往年真题,但不多做。有的重要知识几乎年年必考,考生也要适应出题风格和难度,故做往年真题很有必要。但自 2014 年启用第四版教材了,故 2012 年及以前的真题意义不大,建议不做,考生仅做本书提供的 2013 年和 2014 年的真题即可。

三、应试技巧

（一）填好姓名、考号、科目代码

几乎每年都有考生忘记在答题卡上填写姓名、考号、科目代码。考生应带好 2B 铅笔,在考场上一旦拿到试题本和答题本,第一件事就是在答题卡上填好姓名、考号、科目代码。自动阅卷机只批改答题卡,考生可以在试题本上勾画答案、打草稿等。

（二）确保单选题,争取多选题

"建设工程经济"考试为:60 道单选题,每题 1 分,共 60 分;20 道多选题,每题 2 分,共 40 分。可见,单选题的分值较重,同时多选题的难度较大,故考生应考的基本战略是确保单选题，争取多选题。60 道单选题应确保得 50 分，20 道多选题争取得 20 分。

（三）排除与确认并重

单选题的 4 个选项中只有 1 个是最符合题意的，做出选择时应先通读 4 个选项，能排除的先排除，以便在剩余的选项中进一步确认符合题意的或猜答案。经确认选定的选项代回题目，检验一遍是否确实符合题意。多选题也遵循此原则。

（四）单选题学会猜

考试时不会做的单选题暂时不做，等 60 道单选题都做完了再猜。例如会做的 55 道单选题在答题卡上涂了答案，数一数答案：选 A 的 11 题，选 B 的 16 题，选 C 的 14 题，选 D 的 14 题，则不会做的 5 道题全部都猜 A。假如不会做的第 47 题已经排除了 A 和 D 选项，要在 B 和 C 之中猜一个，则猜 C。总之，单选题的猜要基于整个答题选项情况。

（五）多选题宁缺毋滥

多选题的 5 个选项中正确的可能是 2 个、3 个或者 4 个，错选不得分，少选每个正确选项得 0.5 分。如第 65 题的标准答案是 ABD，考生的答案若是 ABC 或 ABCD，都是 0 分，考生的答案若是 AB，得 1 分。故多选题考生切忌贪心，越是没把握的题，越应该少选，抱着宁缺毋滥、只选 2 个最有把握的选项、每题只要 1 分的心态即可。

（六）掌控好做题速度

一共 80 道选择题，考试时间 2 小时，一般考生时间都够用。建议做题速度平均 1 题花 1 分钟，每道题都经过排除与确认、代回题目检查一遍的过程，概念性的题目也要适当放慢速度，以免粗心大意。60 道单选题做完后，先把这 60 题的答案涂了答题卡，该猜的也猜了，再做 20 道多选题，最后多选题答案涂卡。答题卡都涂好了，建议考生不必再涂改了。

知识要点及典型例题

1Z101000 工程经济

1Z101010 资金时间价值的计算及应用

复习提示:

此节是本章的重点、难点,考生应牢固掌握基本概念,熟练绘制现金流量图,熟练应用计算公式。

1Z101011 利息的计算

一、资金时间价值的概念

资金时间价值——资金的价值随时间的变化而变化,是关于时间的函数,资金价值的增量部分即资金的时间价值。

$$资金时间价值 = \Delta y = y_2 - y_1 = f(t_2) - f(t_1)$$

影响资金时间价值的 4 个因素:资金的使用时间、资金数量的大小、资金投入和回收的特点、资金周转的速度。

二、利息与利率的概念

(一)利息 I

利息——在借贷过程中,债务人在债务到期时偿还金额与当初借入本金之差。

$$I = F - P$$

利息是资金的机会成本。

利息是对占用资金所支付的代价,或者是放弃使用资金所获得的补偿。

(二)利率 i

利率——单位时间内的利息与本金之比。

$$i = \frac{I_t}{P} \times 100\%$$

利率的计息周期有日、月、季度、半年、年等,最常用的是年利率。

利率 i 的高低取决于 5 个因素:社会平均利润率、借贷资本供求情况、承担风险大小、通货膨胀、借贷期限长短。

注意:利息是衡量资金时间价值的绝对尺度,利率是衡量资金时间价值的相对尺度。

（三）利息 I 和利率 i 在工程经济活动中的作用

4 个作用：是筹集资金的动力,促进节约使用资金,是宏观经济管理的重要杠杆,是金融企业经营发展的重要条件。

三、利息的计算

（一）单利

单利——始终以本金为基数计算利息。前期利息不产生后期利息,即"利不生利"。

$$I_n = P \cdot i_{单} \cdot n$$

$$F = P + I_n = P \cdot (1 + i \cdot n)$$

单利没有完全反映资金时间价值,仅考虑了本金产生的资金时间价值。

【典型例题】某公司存入银行 10 万元,年利率 2.79%,共存 5 年,银行按单利计息。存款到期时的利息和本利和各为多少?

分析：据题意,已知 P=10 万元, i=2.79%, n=5,求 I、F。

解答：

$$I_n = P \cdot i_{单} \cdot n = 10 \times 2.79\% \times 5 = 1.395（万元）$$

$$F = P + I_n = P \cdot (1 + i \cdot n) = 10 \times (1 + 2.79\% \times 5) = 11.395（万元）$$

（二）复利

复利——以本金和前期利息之和计算利息,即"利滚利,息生息"。

$$I_t = F_{t-1} \cdot i$$

本金越大,利率越高,计息期数越多,单利和复利计算得到的利息差距越大。

复利完全考虑了资金时间价值。

工程经济分析时,一般采用复利计算。题目中没有明确计息方式时,一律采用复利计息。

1Z101012 资金等值计算及应用

等值的概念：

等值——由于考虑了资金的时间价值,使得金额不等、时点不同、方向相同的两笔资金具有相等的价值,称此两笔资金相互等值。

【典型例题】现在的 100 元和 5 年以后的 248 元两笔资金在第 2 年年末价值相等,若利率不变,则这两笔资金在第 3 年末的价值（　　）。

A. 前者高于后者　　B. 前者低于后者　　C. 两者相等　　D. 两者不能进行
　　比较

解答：

如果两笔资金等值，则在任何时点其相应的资金价值必定相等。C 正确。

一、现金流量图的绘制

（一）现金流量的概念

现金流入——现金收入

现金流出——现金支出

净现金流量＝现金流入－现金流出

注意：同一时点的现金流量才能相加减计算净现金流量。

（二）现金流量图的绘制

注意：图中横坐标刻度"3"表示第 3 年年末，也即第 4 年年初。

绘图注意：

1）水平时间轴应注明时间单位；

2）单箭线表示现金流量的方向：竖直向上——现金流入，竖直向下——现金流出；

3）绘制现金流量图的角度：同一笔借贷资金，从债权人和债务人的角度看，现金流量方向正好相反。

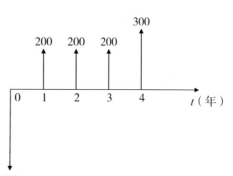

现金流量的 3 要素：现金流量的大小（金额，单箭线的长短）、方向（现金流入或流出，单箭线竖直向上或向下）、作用点（发生时点，横坐标刻度）。

二、终值和现值计算

（一）一次支付现金流量的终值和现值计算

1. 终值计算（已知 P 求 F）

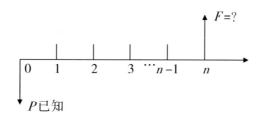

$$F = P \cdot (1+i)^n = P \cdot (F/P, i, n)$$

整体记号 $(F/P, i, n)$ 称为"一次支付终值系数"，读作"已知 P 求 F"。

【典型例题】某人第 1 年年初以年利率 6% 投资 1000 元，到第 4 年年末可收回多少元本利和？

解答：第一步，据题意明确已知 P 求 F，写出：

$$F = 1000 \times (F/P, 6\%, 4)$$

第二步，代入公式计算：

$$F = 1000 \times (1+6\%)^4 = 1000 \times 1.2625 = 1262.5 (元)$$

2. 现值计算（已知 F 求 P）

计算现值，也称"贴现""折现"。

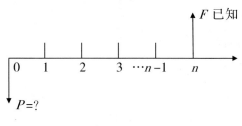

$$P = F \cdot \frac{1}{(1+i)^n} = F \cdot (P/F, i, n)$$

整体记号 $(P/F, i, n)$ 称为"一次支付现值系数"，读作"已知 F 求 P"。显然，$(F/P, i, n)$ 和 $(P/F, i, n)$ 互为倒数。

【典型例题】年利率为 6%，某人欲在第 4 年年末得到 1262.5 元的本利和，则应于第 1 年年初投资多少元？

解答：第一步，据题意明确已知 F 求 P，写出：

$$P = 1262.5 \times (P/F, 6\%, 4)$$

第二步，代入公式计算：

$$P = 1262.5 \times \frac{1}{(1+6\%)^4} = 1262.5 \times 0.7921 = 1000 (元)$$

（二）等额支付系列现金流量的终值和现值计算

1. 终值计算（已知 A 求 F）

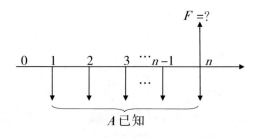

年金 A——每期期末发生、金额相等、方向相同

$$F = A \cdot \frac{(1+i)^n - 1}{i} = A \cdot (F/A, i, n)$$

整体记号 $(F/A, i, n)$ 称为"等额支付终值系数"，读作"已知 A 求 F"。

【典型例题】某人连续 5 年每年年末借款 1000 元，年利率 6%，第 5 年年末借款的本利和为多少？

解答：第一步，据题意明确已知 A 求 F，写出：

$$F = 1000 \times (F/A, 6\%, 5)$$

第二步，代入公式计算：

$$F = 1000 \times \frac{(1+6\%)^5 - 1}{6\%} = 1000 \times 5.6371 = 5637.1 \,(\text{元})$$

2. 年金计算（已知 F 求 A）

$$A = F \cdot \frac{i}{(1+i)^n - 1} = F \cdot (A/F, i, n)$$

整体记号 $(A/F, i, n)$ 称为"偿债基金系数"，读作"已知 F 求 A"。

显然，$(F/A, i, n)$ 和 $(A/F, i, n)$ 互为倒数。

3. 现值计算（已知 A 求 P）

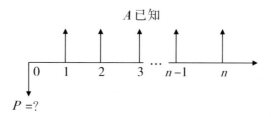

$$P = A \cdot \frac{(1+i)^n - 1}{i \cdot (1+i)^n} = A \cdot (P/A, i, n)$$

整体记号 $(P/A, i, n)$ 称为"等额支付现值系数"，读作"已知 A 求 P"。

显然，$(P/A, i, n) = (F/A, i, n) \cdot (P/F, i, n)$。

【典型例题】某施工企业拟对外投资，若希望从现在开始的 5 年内每年年末等额回收本金和利息 200 万元，年利率 8%，则企业现在应投资多少万元？已知：$(P/F, 8\%, 5) = 0.6806$，$(A/P, 8\%, 5) = 0.2505$，$(F/A, 8\%, 5) = 5.8666$。

解答：第一步，据题意明确已知 A 求 P，写出：

$$P = 200 \times (P/A, 8\%, 5)$$

第二步，根据已知条件计算：

$$P = 200 \times \frac{1}{(A/P,8\%,5)} = 200 \times \frac{1}{0.2505} = 798.54 (\text{万元})$$

4. 年金计算（已知 P 求 A）

$$A = P \cdot \frac{i \cdot (1+i)^n - 1}{(1+i)^n - 1} = P \cdot (A/P,i,n)$$

整体记号 $(A/P,i,n)$ 称为"投资回收系数"，读作"已知 P 求 A"。

显然，$(P/A,i,n)$ 和 $(A/P,i,n)$ 互为倒数。

显然，$(A/P,i,n) = (A/F,i,n) \cdot (F/P,i,n)$。

注意区别 $(A/F,i,n)$ 和 $(A/P,i,n)$。

小结：

1）一次支付 2 个公式、等额支付 4 个公式，应熟练应用。记忆的重点是 2 个终值公式：

$$F = P \cdot (1+i)^n = P \cdot (F/P,i,n)$$

$$F = A \cdot \frac{(1+i)^n - 1}{i} = A \cdot (F/A,i,n)$$

2）计算题勤绘现金流量图，便于理解题意是已知什么、求什么。

3）应用等额支付系列公式时应注意：A 发生在每期期末，P 发生在"0"时刻，F 发生在第 n 个计息期期末。

【典型例题】若 10 年内，每年年初存款 2000 元，利率为 6%，按复利计，第 10 年年末本利和为多少？

解答：

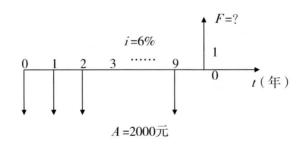

解法一：$F = 2000 \cdot (F/P,6\%,1) \cdot (F/A,6\%,10) = 27942 (\text{元})$

解法二：$F = 2000 \cdot (F/A,6\%,11) - 2000 = 27942 (\text{元})$

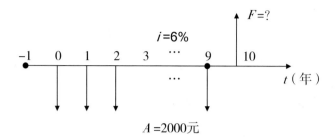

解法三：$F = 2000 \cdot (F/A, 6\%, 10) \cdot (F/P, 6\%, 1) = 27942$（元）

【典型例题】有如下图示现金流量，解法正确的有（   ）。

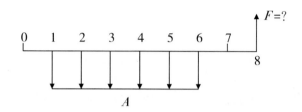

A. F=A·(P/A,i,6)·(F/P,i,8)   B. F=A·(P/A,i,5)·(F/P,i,7)   C. F=A·
(F/A,i,6)·(F/P,i,2)   D. F=A·(F/A,i,5)·(F/P,i,2)   E. F=A·(F/A,i,6)·
(F/P,i,1)

解答：A、C 正确。

1Z101013 名义利率与有效利率计算

一、名义利率的计算

名义利率——当计息周期短于年时，根据计息周期利率 i 单利计算得到的年利率为年名义利率 r。

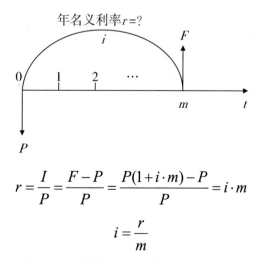

$$r = \frac{I}{P} = \frac{F - P}{P} = \frac{P(1 + i \cdot m) - P}{P} = i \cdot m$$

$$i = \frac{r}{m}$$

注意：年名义利率不能用于计算资金时间价值。

二、有效利率的计算

有效利率——当计息周期短于年时，根据计息周期利率 i 复利计算得到的年利率为年有效利率 i_{eff}。

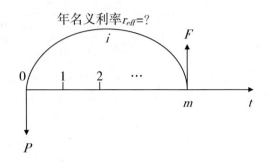

$$i_{eff} = \frac{I}{P} = \frac{F-P}{P} = \frac{P(1+i)^m - P}{P} = (1+i)^m - 1$$

计息期越短，利息越高，年名义利率与年实际利率的差距越大。

注意：对题目告知的年利率应注意判断是有效利率还是名义利率。

【典型例题】某厂拟向 2 个银行贷款以扩大生产，甲银行年利率为 16%，计息每年一次。乙银行年利率为 15%，每月计息一次。试比较哪家银行贷款条件优惠些？

解答：

甲银行贷款的实际利率 $i_{eff} = 16\%$

乙银行贷款的实际利率 $i_{eff} = (1 + \frac{15\%}{12})^{12} - 1 = 16.08\%$

故甲银行贷款条件优惠些。

【典型例题】年利率 10%，每半年计息 1 次。某人现借出 1 万元，第 5 年年初能收回多少元？

分析：10% 是年名义利率 r，不能用于计算。

解法一：半年 $i = \frac{r}{m} = \frac{10\%}{2} = 5\%$

$F = 1 \times (F/P, 5\%, 8) = 1 \times (1 + 5\%)^8 = 1.4775$（万元）

解法二：年 $i_{eff} = (1+i)^m - 1 = (1 + \frac{10\%}{2})^2 - 1 = 10.25\%$

$F = 1 \times (F/P, 10.25\%, 4) = 1 \times (1 + 10.25\%)^4 = 1.4775$（万元）

【典型例题】某人每年年末投资 4800 元，连续 5 年。年利率 10%，每半年计息 1 次。第 5 年年末能收回多少元?

解答:

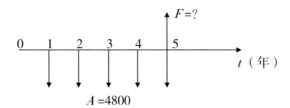

$$年\ i_{eff} = \left(1+\frac{10\%}{2}\right)^2 - 1 = 10.25\%$$

$$F = 4800 \times \left(F/A, 10.25\%, 5\right)$$

$$= 4800 \times \frac{\left(1+10.25\%\right)^5 - 1}{10.25\%}$$

$$\approx 29450.68（元）$$

注意: 应用等额支付公式时，必须求出收付周期（年金 A 发生的周期）的有效利率。

【典型例题】年利率 12%，每季度计息 1 次。每半年末投资 5000 元，连续 5 年。到第 5 年年末能收回多少元?

解答:

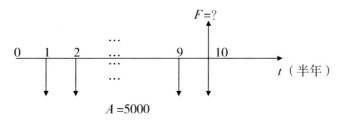

$$i_{季度} = \frac{12\%}{4} = 3\%$$

$$半年\ i_{eff} = (1+3\%)^2 - 1 = 6.09\%$$

$$F = 5000 \times (F/A, 6.09\%, 10) \approx 66183.19（元）$$

注意: 题意告知的计息周期是季度，必须先求出季度利率，再求出收付周期半年的有效利率，才能应用等额支付公式。

1Z101020 技术方案经济效果评价

复习提示：

此节是本章的重点、难点，考生应牢固掌握基本概念，熟练计算重要的经济评价指标。

1Z101021 经济效果评价的内容

经济效果评价——在拟定的技术方案、财务效益和费用估算的基础上，对技术方案的财务可行性和经济合理性进行分析论证，为选择技术方案提供科学的决策依据。

一、经济效果评价的基本内容

考察技术方案的三大能力：盈利能力、偿债能力、财务生存能力。

财务生存能力——即分析技术方案是否有足够的净现金流量维持正常运营，能否实现财务可持续性。对于非经营性方案，经济效果评价仅分析方案是否具有财务生存能力。

二、经济效果评价方法

（一）按评价方法是否考虑时间因素分类

静态分析——不考虑资金时间价值。

动态分析——考虑资金时间价值。

技术方案经济效果评价以动态分析为主。

（二）按评价方法是否考虑融资分类

融资前分析——排除了融资方案变化的影响（如不考虑贷款利息），考察技术方案自身设计的合理性。

融资后分析——拟订了融资条件后，考察技术方案的三大能力。

三、经济效果评价的程序

1）熟悉技术方案的基本情况。

2）明确技术方案基础数据和相关参数。

3）编制基本财务报表。

4）进行经济效果评价。

四、经济效果评价方案

（一）独立型方案

多个技术方案互不干扰，彼此独立无关。经济评价时，经济上可行的技术方案均可投资。

（二）互斥型方案

多个技术方案可相互替代，具有排他性。经济评价时，选择经济上最优的技术方案投资。

五、技术方案的计算期

1Z101022 经济效果评价指标体系

盈利能力的静态评价指标有：投资收益率、投资回收期。

盈利能力的动态评价指标有：财务内部收益率、财务净现值。

偿债能力的评价指标有：利息备付率、偿债备付率、借款偿还期、资产负债率、流动比率、速动比率。

财务生存能力无评价指标，仅观察技术方案在运营期内各年净现金流量是否大于零。

1Z101023 投资收益率分析

一、概念

投资收益率 R 是评价技术方案盈利能力的静态指标。

$$投资收益率 = \frac{年净收益}{总投资} \times 100\%$$

式中：年净收益——取技术方案一个运营年度的净收益，或运营期内年平均净收益。

二、判别

若投资收益率 $R \geq$ 基准投资收益率 R_C，方案可行；若 $R < R_C$，方案不可行。

三、应用式

（一）总投资收益率

$$总投资收益率 = \frac{年息税前利润}{总投资} \times 100\%$$

式中：年息税前利润——取技术方案一个运营年度的息税前利润（利润总额+利息支出），或运营期内年平均息税前利润；

总投资——建设投资+建设期贷款利息+全部流动资金。

若总投资收益率≥同行业参考值，方案可行；反之，方案不可行。

【典型例题】某投资方案建设投资（含建设期利息）为8000万元，流动资金为1000万元，正常生产年份的净收益为1200万元，正常生产年份贷款利息为100万元，则投资方案的总投资收益率为多少？

解答：

$$总投资收益率=\frac{年息税前利润}{总投资}\times100\%=\frac{1200+100}{8000+1000}\times100\%\approx14.44\%$$

（二）资本金净利润率

$$资本金净利润率=\frac{年净利润}{资本金}\times100\%$$

式中：年净利润——取技术方案一个运营年度的净利润（即税后利润，=利润总额－所得税），或运营期内年平均净利润。

资本金——投资人投资部分，即自有资金。

若资本金净利润率≥同行业参考值，方案可行；反之，方案不可行。

【典型例题】某技术方案的总投资1500万元，其中债务资金700万元，技术方案在正常年份年利润总额400万元，所得税100万元，年折旧费80万元。则该方案的资本金净利润率为多少？

解答：

$$资本金净利润率=\frac{年净利润}{资本金}\times100\%=\frac{400-100}{1500-700}\times100\%=37.5\%$$

四、投资收益率 R 的优劣

优点：经济意义直观，计算简便。投资收益率越高越好。

缺点：没有考虑资金时间价值。

适合于：工艺简单、运营期各年生产情况变化不大的技术方案。

1Z101024 投资回收期分析

一、概念

投资回收期 P_t 是评价技术方案盈利能力的静态指标。

投资回收期 P_t——从建设开始年（"0"时刻）算起，技术方案收回总投资所需要的时间。

二、应用式

注意：逐年计算技术方案的累计净现金流量，当累计净现金流量等于零时的时点即为投资回收期。

【典型例题】某技术方案的现金流量见下表，求投资回收期。

计算期（年）	1	2	3	4	5	6	7
净现金流量（万元）	−4800	1200	1500	1600	1600	1600	1600

解答：

逐年计算累计净现金流量，见下表：

计算期（年）	1	2	3	4	5	6	7
净现金流量（万元）	−4800	1200	1500	1600	1600	1600	1600
累计净现金流量（万元）	−4800	−3600	−2100	−500	1100	2700	4300

$$投资回收期 = 4 + \frac{|-500|}{1600} \approx 4.31（年）$$

三、判别

若投资回收期 $P_t \leq$ 基准投资回收期 P_C，方案可行；若 $P_t > P_C$，方案不可行。

四、投资回收期 P_t 的优劣

优点：直观反映资金周转速度，投资回收期 P_t 越短越好。

缺点：未考虑收回投资后的现金流量情况，不能反映技术方案整个计算期内的盈利能力。

适用于：作为辅助评价指标。

1Z101025 财务净现值分析

一、概念

财务净现值 $FNPV$ 是评价技术方案盈利能力的动态指标。

财务净现值 $FNPV$——按基准收益率 i_c，将技术方案计算期内各年净现金流量折现到建设开始时的现值代数和。

如下图所示，$FNPV$ 等值于技术方案计算期内的全部净现金流量。注意图中等值的绘制。

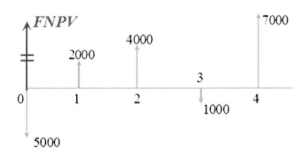

$FNPV = -5000 + 2000（P/F，10\%，1）+ 4000（P/F，10\%，2）- 1000（P/F，10\%，3）+ 7000（P/F，10\%，4）= 4152（元）$

注意：现金流入为正数，现金流出为负数。

二、判别

若财务净现值 $FNPV \geqslant 0$，方案可行；若 $FNPV < 0$，方案不可行。

三、财务净现值 $FNPV$ 的优劣

优点：考虑了资金时间价值，直观反映技术方案整个计算期的盈利能力。

缺点：直接受基准收益率 i_c 取值影响；不能直接评价寿命不等的互斥方案；不能反映单位投资的效率；不能反映投资回收速度。

【典型例题】某企业拟新建一项目，有两个备选方案技术均可行。甲方案投资 5000 万元，计算期 15 年，财务净现值为 200 万元；乙方案投资 8000 万元，计算期 20 年，财务净现值为 300 万元。则关于两方案比选的说法，正确的是（   ）。

A. 甲乙方案必须构造一个相同的分析期限才能比选　　B. 甲方案投资少于乙方案，净现值大于零，故甲方按较优　　C. 乙方案净现值大于甲方案，且都大于零，故乙方案较优　　D. 甲方案计算期短，说明甲方案的投资回收速度快于乙方案

解答：

财务净现值 $FNPV$ 的缺点之一是不能直接评价寿命不等的互斥方案。故 A 正确。

1Z101026 财务内部收益率分析

一、概念

财务内部收益率 $FIRR$ 是评价技术方案盈利能力的动态指标。

财务内部收益率 $FIRR$——是技术方案内在的、真正的年收益率。

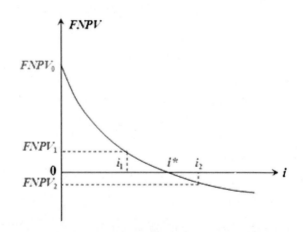

常规技术方案的财务净现值函数曲线图如上图所示，可见：

1）基准收益率 i_c 取值越高，财务净现值 $FNPV$ 越低。

2）使得 $FNPV=0$ 时的 i^* 即技术方案的财务内部收益率 $FIRR$。

3）$i_1 < FIRR < i_2$，$FIRR$ 更接近于 i_2。

【典型例题】某技术方案，当 $i_c=25\%$ 时，$FNPV=200$ 万元；当 $i_c=30\%$ 时，$FNPV=-60$ 万元。则该技术方案的财务内部收益率 $FIRR$ 最可能的是（   ）。

    A. 21.25%　　B. 27.50%　　C. 28.85%　　D. 32.14%

解答：

根据对上图的理解，本题中 -60 万元距离原点比 200 万元距离原点更近，$FIRR$ 更接近于 30%，应大于 25% 和 30% 的中值 27.5%，故 C 正确。

二、判别

若财务内部收益率 $FIRR \geq$ 基准收益率 i_c，方案可行；若 $FIRR < i_c$，方案不可行。

三、财务内部收益率 $FIRR$ 的优劣

优点：不受基准收益率 i_c 取值影响；考虑了资金时间价值，反映单位投资的效率。

缺点：计算麻烦，非常规技术方案的 $FIRR$ 不一定是唯一解。

四、$FNPV$ 和 $FIRR$ 的关系

对于同一个常规技术方案，当基准收益率 i_c 取值确定后，$FNPV$ 和 $FIRR$ 的评价结论是一致的，即

若 $FNPV > 0$，也即 $FIRR > i_c$，方案可行；

若 $FNPV = 0$，也即 $FIRR = i_c$，方案刚好可行；

若 $FNPV < 0$，也即 $FIRR < i_c$，方案不可行。

【典型例题】某技术方案计算期 5 年，各年净现金流量见下表，基准收益率 i_c 取 10%，第 5 年末恰好收回全部投资，则该技术方案的财务内部收益率为（   ）。

计算期（年）	0	1	2	3	4	5
净现金流量（万元）	-11.84	2.4	2.8	3.2	3.6	4.0

    A. ＜10%　　B. =10%　　C. ＞10%　　D. 无法确定

解答：

据题意，考虑资金时间价值，在计算期末收回全部投资，即技术方案的 $FNPV=0$，也即 $FIRR = i_c$，故 B 正确。

1Z101027 基准收益率的确定

一、概念

基准收益率 i_c 是动态经济评价时的重要参数，取值过高或过低都将导致决策失误。

基准收益率 i_c 是投资者可接受的技术方案的最低动态收益率。

二、测定

$$i_c \approx i_1 + i_2 + i_3$$

式中：i_1——取单位资金成本和单位投资机会成本的较大者；

i_2——风险补贴率；

i_3——通货膨胀率。

可见，确定基准收益率 i_c 的基础是资金成本和机会成本，而投资风险和通货膨胀是必须考虑的影响因素。

1Z101028 偿债能力分析

一、偿债资金来源

偿债资金来源有：可用于归还借款的利润、固定资产折旧、无形资产及其他资产摊销、其他还款资金来源（如退税）。

二、偿债能力评价指标

（一）借款偿还期

借款偿还期——技术方案偿还借款本金和利息所需要的时间。

借款偿还期≤贷款机构的要求期限时，技术方案有偿债能力。

（二）利息备付率

利息备付率——技术方案一个正常运营年度息税前利润与当年应付利息的比值。

利息备付率≥同行业参考值，且不宜低于 2。

（三）偿债备付率

偿债备付率——技术方案一个正常运营年度偿债资金来源与当年还本付息之和的比值。

偿债备付率不宜低于 1.3。

1Z101030 技术方案不确定性分析

复习提示：

此节是本章的重点、难点，考生应牢固掌握基本概念，熟练应用计算公式，识读线性盈亏平衡分析图和单因素敏感性分析图。

1Z101031 不确定性分析

不确定性分析——计算分析不确定因素的假想变动，对经济评价指标的影响程度，以分析技术方案可能承担的风险，以避免决策失误。

不确定性分析的方法有：盈亏平衡分析、敏感性分析。

1Z101032 盈亏平衡分析

假设技术方案仅生产一种产品，取一个正常运营年度作线性盈亏平衡分析。

一、总成本 C、固定成本 C_F、可变成本 $C_U \cdot Q$

$$C = C_F + C_U \cdot Q$$

式中：固定成本 C_F——不受产量 Q 增减影响的成本部分，如固定资产折旧、管理人员工资等；

可变成本 $C_U \cdot Q$——随产量 Q 正比例变化的成本部分，如原材料、工人的计件工资等。

二、销售收入 S

$$S = (p - T_U) \cdot Q$$

式中：p——单位产品的售价；

T_U——单位产品的营业税金及附加。

三、利润 B、销售收入 S、总成本 C

$$B = S - C$$

$$B = (p - T_U) \cdot Q - (C_F + C_U \cdot Q)$$

四、线性盈亏平衡分析图

线性盈亏平衡分析图如上图所示，可见：

1）盈亏平衡点 BEP——销售收入线与总成本线的交点，也称保本点。

2）当产量达到设计生产能力 Q_d 时，技术方案实现最大利润。

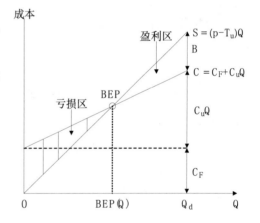

3）求解产量表示的盈亏平衡点 $BEP(Q)$：

令 $B = (p - T_U) \cdot Q - (C_F + C_U \cdot Q) = 0$

解得 $BEP(Q) = \dfrac{C_F}{p - T_U - C_U}$

4）求解生产能力利用率 $BEP(\%)$：

$$BEP(\%) = \dfrac{BEP(Q)}{Q_d} \times 100\%$$

【典型例题】某技术方案建成后可生产一种产品，每年固定成本 90 万元，产品单件可变成本 50 元，单价 105 元，单位产品营业税金及附加 5 元。该技术方案盈亏平衡点时的产量为多少？技术方案达到年设计生产能力 2.4 万件时，可获得多少利润？该技术方案的生产能力利用率是多少？

解答：

（1）$BEP(Q) = \dfrac{C_F}{p - T_U - C_U} = \dfrac{90}{105 - 5 - 50} = 1.8$（万件）

（2）$B = (105 - 5) \times 2.4 - (90 + 50 \times 2.4) = 30$（万元）

（3）$BEP(\%) = \dfrac{BEP(Q)}{Q_d} \times 100\% = \dfrac{1.8}{2.4} \times 100\% = 75\%$　　注意：盈亏平衡点越低，技

术方案的抗风险能力越强。盈亏平衡分析不能揭示产生技术方案风险的根源。

1Z101033 敏感性分析

一、敏感性分析的内容

单因素敏感性分析——每次只考察一个不确定性因素变化（其他不确定性因素保持不变）对技术方案经济评价指标的影响进行分析，最终找出关键的敏感性因素。

二、单因素敏感性分析的步骤

（一）确定经济评价指标：常用 $FNPV$、$FIRR$

（二）选择需要分析的不确定性因素

（三）分析不确定性因素的波动引起指标的变动

（四）计算分析敏感度系数、临界点，找出敏感性因素

1. 敏感度系数 S_{AF}

敏感度系数——评价指标对不确定性因素的敏感程度。

$$S_{AF} = \frac{\text{经济评价指标}A\text{的变化率}}{\text{不确定因素}F\text{的变化率}}$$

若 $S_{AF} > 0$，表示指标随不确定性因素同方向变化；若 $S_{AF} < 0$，表示指标随不确定性因素反方向变化。

S_{AF} 绝对值越大，表示指标对该不确定性因素越敏感。

2. 临界点

临界点——技术方案允许不确定性因素向不利方向变化的极限值。

（五）选择技术方案

三、单因素敏感性分析图

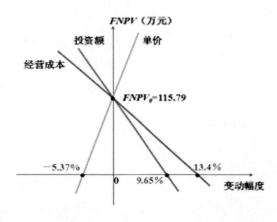

单因素敏感性分析图如左图所示，可见：

1）基于单价、经营成本、投资额等基础数据，技术方案 $FNPV = 115.79$ 万元。

2）敏感度系数。

直线的斜率即敏感度系数，斜率有正有负，斜率绝对值越大敏感度越高。

图中，$FNPV$ 随单价同方向变化，$FNPV$ 随投资额反方向变化，$FNPV$ 随经营成本反方向变化。敏感度由大到小排序为：单

价、投资额、经营成本。

3）临界点。

图中，当 $FNPV=0$ 时，不确定因素的变化极限值就是临界点：单价下降 5.37%，投资额上升 9.65%，经营成本上升 13.4%。

不确定因素的变化一旦超过临界点，即导致 $FNPV<0$，技术方案就不可行了。

临界点绝对值越小敏感度越高，敏感度由大到小排序为：单价、投资额、经营成本。

4）敏感度系数（直线斜率）是判别敏感性因素的相对测定法，临界点是判别敏感性因素的绝对测定法。

注意： 借助敏感性分析找出指标随之变化的最敏感因素，深入调研的重点就应集中在最敏感不确定因素上，并针对最敏感因素制定出应变对策。敏感性分析不能说明不确定因素发生变化的可能性大小。

1Z101040 技术方案现金流量表的编制

复习提示：

了解现金流量表的作用，掌握经济要素的基本概念。

1Z101041 技术方案现金流量表

一、投资现金流量表

以技术方案的总投资为计算基础，考察技术方案整个计算期内的融资前盈利能力（不考虑贷款利息支出）。

二、资本金现金流量表

以技术方案的资本金为计算基础，考察技术方案资本金获利能力（借款的还本付息作为现金流出）。

三、投资各方现金流量表

以某投资人的出资额为基础，考察该投资人从技术方案取得的投资收益率。

四、财务计划现金流量表

以技术方案计算期内各年净现金流量为基础，计算累计盈余资金，考察技术方案的财务生存能力。

1Z101042 技术方案现金流量表的构成要素

一、投资

技术方案建设期内的总投资，从构成看：投资=建设投资+建设期利息+流动资金，其中，流动资金=流动资产－流动负债。

从来源看：投资=资本金+负债。

二、营业收入

技术方案运营期内一年营业收入=单位产品出厂价格×销售量。

三、总成本、经营成本

（一）总成本

技术方案运营期内一年的总成本=原材料、燃料及动力费+工资福利费+修理费+折旧费+摊销费+利息支出+其他费用。

（二）经营成本

注意：经营成本是技术方案运营期内一年的现金流出（即不含固定资产折旧、无形资产摊销），经营成本与融资方案无关（即不含利息支出）。

所以：经营成本=总成本－折旧费－摊销费－利息支出

也即：经营成本=原材料、燃料及动力费+工资福利费+修理费+其他费用

四、税金

技术方案运营期内一年缴纳的营业税、消费税、关税、企业所得税等。

1Z101050 设备更新分析

复习提示：

掌握设备磨损的分类，掌握设备经济寿命的概念及计算。

1Z101051 设备磨损与补偿

一、设备磨损的类型

设备磨损分有形磨损（物质磨损）和无形磨损（经济磨损）两种。

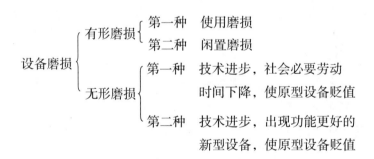

二、设备磨损的补偿方式

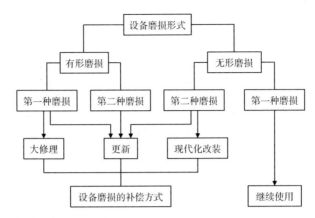

1Z101052 设备更新方案的比选原则

一、设备更新的概念

设备更新的方式有两种：原型设备更新、新型设备更新。

二、设备更新策略

三、设备更新方案的比选原则

（一）站在客观立场分析

（二）不考虑沉没成本

$$沉没成本 = 设备账面价值 - 当前市场价值$$

$$沉没成本 = （设备原值 - 累计折旧） - 当前市场价值$$

（三）逐年滚动比较

1Z101053 设备更新方案的比选方法

一、设备寿命的概念

（一）自然寿命

即物质寿命，主要取决于有形磨损。

（二）技术寿命

主要取决于无形磨损。技术进步越快，设备的技术寿命越短。

（三）经济寿命

设备继续使用在经济上不合理而应被淘汰。经济寿命是从经济观点确定的设备更新的最佳时刻。

二、设备经济寿命的估算

（一）逐年滚动计算 $\overline{C}_N$，$\overline{C}_N$ 最小时的 N_0 即为经济寿命

$$\overline{C}_N = \frac{P - L_N}{N} + \frac{C_1 + C_2 + \ldots + C_N}{N}$$

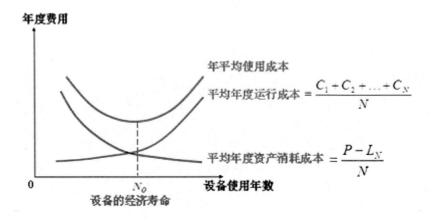

【典型例题】某设备在不同的使用年限（从 1~7 年）下的平均年度资产消耗成本和各年度运行成本见下表，则该设备的经济寿命为多少年？

使用年限	1	2	3	4	5	6	7
平均年度资产消耗成本（万元）	90	50	35	23	20	18	15
年度运行成本（万元）	20	25	30	35	40	45	60

解答：

$$\overline{C}_1 = 90 + 20 = 110（万元）$$

$$\overline{C}_2 = 50 + \frac{20 + 25}{2} = 72.5（万元）$$

$$\overline{C}_3 = 35 + \frac{20 + 25 + 30}{3} = 60（万元）$$

$$\overline{C}_4 = 23 + \frac{20 + 25 + 30 + 35}{4} = 50.5（万元）$$

$$\overline{C}_5 = 20 + \frac{20 + 25 + 30 + 35 + 40}{5} = 50（万元）$$

$$\overline{C}_6 = 18 + \frac{20 + 25 + 30 + 35 + 40 + 45}{6} = 50.5（万元）$$

$\overline{C}_5$ 最低，故设备的经济寿命为5年。

（二）根据低劣化值 λ

估算经济寿命

低劣化值 λ——设备逐年递增的、稳定金额的运行成本。

$$N_0 = \sqrt{\frac{2(P - L_N)}{\lambda}}$$

【典型例题】某设备在不同的使用年限（从 1~7 年）下的平均年度资产消耗成本和各年度运行成本见下表，不考虑残值，则该设备的经济寿命为多少年？

使用年限	1	2	3	4	5	6	7
平均年度资产消耗成本（万元）	90	50	35	23	20	18	15
年度运行成本（万元）	20	25	30	35	40	45	50

解答：

观察上表中的各年运行成本，逐年递增 5 万元，此即低劣化值 λ。

$$N_0 = \sqrt{\frac{2(P - L_N)}{\lambda}} = \sqrt{\frac{2 \times (90 - 0)}{5}} = 6(年)$$

1Z101060 设备租赁与购买方案的比选分析

复习提示：

掌握融资租赁的优缺点，掌握租金的计算。

1Z101061 设备租赁与购买的影响因素

设备租赁的方式有两种：

经营租赁——临时取得租赁期内设备的使用权，随时通知即终止租约。

融资租赁——不得任意终止租约，实质上是分期付款取得设备所有权。

注意：本节讨论的、能与购买相比较的是融资租赁。

融资租赁是融资与融物相结合，优点主要有：

1）解决企业资金短缺，加速技术进步；

2）不会恶化企业资产负债状况；

3）避税。

融资租赁的缺点主要有：

1）租金高；

2）形成企业的长期负债；

3）租期内不得随意处置设备，不得用于担保、抵押。

1Z101062 设备租赁与购买方案的比选分析

一、租金的计算

融资租赁费用主要包括：租赁保证金、租金、担保费。

其中，租金 R 的计算方法有：

（一）附加率法

$$R = \frac{P}{N} + P \cdot i + P \cdot r$$

注意：理解租金由 3 部分组成：设备的分期付款买价、支付给出租人的利息、支付给出租人的利润。

（二）年金法

1. 每年年末支付租金

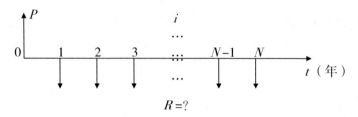

显然，是等额支付系列的已知 P 求 A，所以：

$$R = P \cdot (A/P, i, N)$$

2. 每年年初支付租金

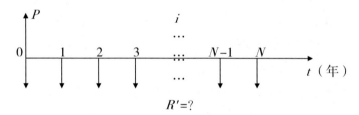

$$R' = P \cdot (A/P, i, N) \cdot (P/F, i, 1)$$

也即：$R' = \dfrac{R}{1+i}$

【典型例题】某企业从设备租赁公司租借一台设备，该设备的价格为 48 万元，租期为 6 年，折现率为 12%。若按年金法计算，则该企业每年年末等额支付和每年年初等额支付的租金分别为多少万元？

解答：（1）每年年末支付租金：

$$R = 48 \cdot (A/P, 12\%, 6) = 48 \times \frac{12\% \times 1.12^6}{1.12^6 - 1} = 11.67（万元）$$

（2）每年年初支付租金：

$$R' = \frac{R}{1+i} = \frac{11.67}{1+12\%} = 10.42（万元）$$

二、融资租赁与购买的经济比较

比较两种方案现金流量的差异部分：

融资租赁：－租赁费＋租赁费×所得税税率

购买：－设备购置费－贷款利息＋（折旧＋贷款利息）×所得税税率

【典型例题】某企业利用借款购买的一台生产设备，每期按规定提取折旧费 15 万元，每期借款利息 3 万元，该企业营业税金及附加率为 5.5%，所得税税率为 25%，则企业购买该项设备带来的每期税收节约为多少万元？

解答：

$$税收节约＝（折旧＋贷款利息）×所得税税率＝(15＋3)×25\%＝4.5（万元）$$

1Z101070 价值工程在工程建设中的应用

复习提示：

掌握价值工程的概念和特点，掌握如何确定需要改进的功能区。

1Z101071 提高价值的途径

一、价值工程的概念

价值 V——产品（或功能区）的功能 F 与寿命周期成本 C 的比值。

$$V = \frac{F}{C}$$

其中，$C = C_1 + C_2$，见下图：

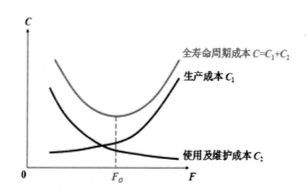

二、价值工程的特点

1）价值工程的目标是以最低的寿命周期成本 C_{min} 实现产品的必要功能 F_0，见上图；

2）价值工程的核心是对产品进行功能分析；

3）价值工程应整体思考产品的 V、F、C；

4）价值工程的难点是功能 F 的量化评价；

5）价值工程是集体智慧，强调改革、创新。

三、提高价值的途径

由公式 $V = \dfrac{F}{C}$，显然提升价值 V 有 5 个途径：

1）降低 C 的同时提升 F；

2）保持 C 不变提升 F；

3）保持 F 不变降低 C；

4）F 略有降低从而大幅降低 C；

5）略微增加 C 获得 F 的大幅提升。

【典型例题】某建设工程运用价值工程优选设计方案，分析计算结果见下表，则最佳方案是哪个？

设计方案	甲	乙	丙	丁
成本系数	0.245	0.305	0.221	0.229
功能系数	0.251	0.227	0.263	0.209

解答：

$$V_{甲} = \frac{F_{甲}}{C_{甲}} = \frac{0.251}{0.245} \approx 1.024$$

$$V_{乙} = \frac{F_{乙}}{C_{乙}} = \frac{0.227}{0.305} \approx 0.744$$

$$V_{丙} = \frac{F_{丙}}{C_{丙}} = \frac{0.263}{0.221} \approx 1.190$$

$$V_{丁} = \frac{F_{丁}}{C_{丁}} = \frac{0.209}{0.229} \approx 0.913$$

多方案择优时，价值系数最大的方案为最优，故丙方案最优。

1Z101072 价值工程在工程建设应用中的实施步骤

一、价值工程的工作程序

（一）准备阶段

（二）分析阶段

1. 功能的分类

按重要程度，产品的功能分为基本功能、辅助功能。

按用户需求，产品的功能分为必要功能、不必要功能（如多余功能、重复功能、过剩功能）。

按总体和局部，产品的功能分为总体功能、局部功能，总体功能与局部功能是目的和途径的关系。

2. 功能评价

功能评价值 F 一般用目标成本来表示。

3. 确定一个产品内部需要改进的功能区

1）计算每个功能区（零部件）的价值系数 V。

若 $V<1$，该功能区必须改进，且 V 越小越应优先改进；

若 $V=1$，该功能区功能与成本匹配，不必改进；

若 $V>1$，应进一步分析：若是采用先进技术使得成本较低，则该功能区不必改进；若存在多余或过剩功能，使得 V 虚高，则该功能区需要改进。

2）计算每个功能区（零部件）的成本降低期望值 $\Delta C=C-F$。

$\Delta C>0$ 的功能区必须改进，且 ΔC 越大越应优先改进。

3）复杂的功能区。

4）问题多的功能区。

（三）创新阶段

针对需要改进的功能区提出创新改进方案并择优。

（四）实施阶段

【典型例题】某建筑产品由甲、乙、丙和丁 4 个功能区构成，每个功能区的功能系数和现实成本见下表。假设对建筑产品总成本 500 万元是满意的，请指出需要改进的功能区。

评价对象	功能评价系数	现实成本（万元）
甲	0.47	130
乙	0.32	200
丙	0.16	80
丁	0.05	90
合计	1	500

解答：解法一：计算各功能区的 V，其中：

甲的成本系数 $C=\dfrac{130}{500}=0.26$

甲的价值系数 $V=\dfrac{F}{C}=\dfrac{0.47}{0.26}\approx1.8$

计算结果见下表：

评价对象	功能系数F	现实成本（万元）	成本系数C	价值系数V=F/C
甲	0.47	130	0.26	1.8
乙	0.32	200	0.4	0.8
丙	0.16	80	0.16	1
丁	0.05	90	0.18	0.28
合计	1	500	1	—

结论：

$V<1$ 的乙和丁需要改进，且应优先改进丁。

$V=1$ 的丙最佳，不需改进。

$V>1$ 的甲是否需要改进，应进一步分析。

解法二：计算各功能区的 ΔC，其中：

F_1 的功能评价值 $F = 0.47 \times 500 = 235$（万元）

F_1 的成本降低期望值 $\Delta C = C - F = 130 - 235 = -105$（万元）

两种算法的计算结果见下表：

评价对象	功能评价系数	现实成本C（万元）	功能评价值F（万元）	成本降低期望值 $\Delta C=C-F$（万元）
甲	0.47	130	235	−105
乙	0.32	200	160	40
丙	0.16	80	80	0
丁	0.05	90	25	65
合计	1	500	—	—

结论：

$\Delta C>0$ 的乙和丁需要改进，且应优先改进丁。

$\Delta C=0$ 的丙最佳，不需改进。

$\Delta C<0$ 的甲是否需要改进，应进一步分析。

1Z101080 新技术、新工艺和新材料应用方案的技术经济分析

复习提示：

掌握增量投资收益率法、折算费用法。

1Z101081 新技术、新工艺和新材料应用方案的选择原则

2个原则：技术上先进；经济上合理。其中，经济合理是主要原则。

1Z101082 新技术、新工艺和新材料应用方案的技术分析

即分析新方案的技术特征指标（如混凝土强度）、技术条件指标（如人、料、机是否能保证供应）。

1Z101083 新技术、新工艺和新材料应用方案的经济分析

一、增量投资收益率法

适用于一个新方案 2 与原方案 1 比选。

$$R_{(2-1)} = \frac{C_1 - C_2}{I_2 - I_1} \times 100\%$$

式中：$C_1 - C_2$——新方案比原方案降低的年成本；

$I_2 - I_1$——新方案比原方案增加的投资。

若 $R_{(2-1)} \geq$ 基准投资收益率 R_C，新方案可行；若 $R_{(2-1)} < R_C$，新方案不可行，仍沿用原方案。

二、折算费用法

适用于多个新方案择优。

（一）各新方案投资、年成本不相同时，计算每个新方案的折算费用 Z

$$Z = C + P \cdot R_c$$

Z 最小的新方案即最优方案。

【典型例题】某工程有甲、乙两个实施方案可供选择。两个方案的投资额分别是 60 万元、80 万元，年运行成本分别是 16 万元、13 万元。设基准投资投资率为 10%，应选择哪个方案？

解答：

甲方案的折算费用 $Z = C + P \cdot R_c = 16 + 60 \times 10\% = 22$(万元)

乙方案的折算费用 $Z = C + P \cdot R_c = 13 + 80 \times 10\% = 21$(万元)

应选择乙方案。

（二）各新方案投资相同时，仅比较每个新方案的年成本 C

$$Z = C = C_F + C_U \cdot Q$$

根据产量 Q 的取值范围，选择 Z 最小的新方案即最优方案。

【典型例题】某施工现场钢筋加工有两个方案，均不需要增加投资，采用甲方案需固定费用 50 万元，每吨钢筋加工的可变费用是 300 元；采用乙方案需固定费用 90 万元，每吨钢筋加工的可变费用是 250 元。现场需加工钢筋 1 万吨，应选择哪个方案？

解答：

设钢筋加工量为 Q，

甲方案的折算费用 $Z_{甲} = C_{甲} = 50 \times 10^4 + 300 \cdot Q$

乙方案的折算费用 $Z_{乙} = C_{乙} = 90 \times 10^4 + 250 \cdot Q$

令 $C_{甲} = C_{乙}$，解得 $Q_0 = 8000$（吨）

即：当 $Q < 8000$ 吨时，甲方案的总成本较低，甲方案优；当 $Q > 8000$ 吨时，乙方案的总成本较低，乙方案优。

现钢筋加工量为 1 万吨，故应选择乙方案。

1Z102000　工程财务

现代会计有两大基本内容：

管理会计——"经营型会计"，侧重于为企业内部管理服务；

财务会计——"报告型会计"，侧重于为企业外界提供会计信息。

本章重在介绍财务会计的基础知识。

1Z102010　财务会计基础

复习提示：

此节是本章的重点、难点，考生应牢固掌握基本概念，重点是权责发生制、6 个会计要素、3 个会计等式。

1Z102011　财务会计的职能

一、财务会计的内涵

财务会计——以财务报表的形式向企业外部提供货币计量的、过去发生的财务信息。

财务信息的作用：

1）企业投资人、债权人做出合理决策的依据；

2）考评企业经营绩效的依据；

3）政府进行宏观经济管理的信息来源。

二、财务会计的职能

（一）核算

货币计量反映企业已经发生的客观经济活动。

（二）监督

包括事前、事中、事后监督。

核算职能是首要的、基本的。核算是监督的前提和基础；监督是对核算的保证。

1Z102012 会计核算的原则

一、会计要素的计量属性

企业对会计要素计量时，计量属性有：历史成本、重置成本、可变现净值、现值、公允价值，一般应当采用历史成本，即资产按取得时支付的代价进行计量。

二、会计信息的质量要求

会计信息应及时报告、真实可靠、内容完整，具有可比性，与使用者决策相关等。

1Z102013 会计核算的基本前提

一、会计核算的基本假设

1）会计主体——会计核算的空间范围，会计主体≠法人，典型的会计主体是企业。

2）持续经营——会计核算的时间假设，假设企业会无限期正常生产经营下去。

3）会计分期——时间分期，以便及时提供会计信息，最长的会计分期是会计年度，即一个公历年，较短的会计分期为中期，如半年、季度、月。

4）货币计量——会计核算时的计量手段，我国以人民币为记账本位币。

二、会计核算的基础

企业以权责发生制为基础进行会计确认、计量和报告，即在"取得收入的权利"或"承担费用的责任"发生时进行会计核算，所以，凡当期已经实现的收入或应当负担的费用，无论款项是否收付，都应核算为当期收入或费用，并计入利润表；凡不属于当期的收入或费用，即使款项已经收付，都不应当作为当期收入或费用。

权责发生制是以会计分期和持续经营为前提的会计基础。

例1：施工企业5月取得建设单位支付的工程预付款200万元。

解答：200万元即使到款了也不得计入5月的收入，因为施工企业尚未开工，没有取得收入的权利。

例2：施工企业6月结算工程进度款500万元，建设单位签认但尚未支付。

解答：500万元虽然未收到，但施工企业已经取得收入的权利，应计入6月收入。

例3：7月支付第三季度房租9万元。

解答：7月只能计入费用3万元，剩余的应分别计入8月和9月的费用3万元。

例4：8月生产水电费1.5万元，尚未支付。

解答：虽然1.5万元尚未支付，但是8月应当负担的，故计入8月的费用。

注意：第一章中绘制现金流量表是以预计的现金收付实现制为基础的，本章财务会计是以权责发生制为基础的。

1Z102014 会计要素的组成和会计等式的应用

一、会计要素的组成

会计要素——对会计对象（经济业务）所作的基本分类。

会计要素有 6 个：资产、负债、所有者权益、收入、费用、利润。

资产、负债和所有者权益是反映企业某一时点财务状况的会计要素，也称静态会计要素；收入、费用和利润是反映企业某一时期经营成果的会计要素，也称动态会计要素。

（一）资产

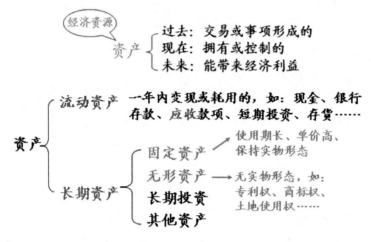

（二）负债

（三）所有者权益

所有者权益——投资人对企业净资产的所有权，净资产＝资产－负债。

所有者权益的特点：

1）无需偿还，即所有者权益无到期日；

2）投资人对净资产的要求权，所有者权益在债权人权益之后行使；

3）投资人分享企业利润。

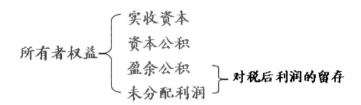

二、会计等式的应用

（一）静态会计等式

$$资产 = 负债 + 所有者权益$$

静态会计等式——反映企业某一时点财务状况的会计等式，是编制资产负债表的依据。

等式左边是资金的运用，右边是资金的来源。

（二）动态会计等式

$$收入 - 费用 = 利润$$

动态会计等式——反映企业某一时期经营成果的会计等式，是编制利润表的依据。

（三）综合会计等式

$$资产 = 负债 + （所有者权益 + 收入 - 费用）$$

注意：会计等式不是单纯的数学等式，取决于产权关系：利润由投资人享受。

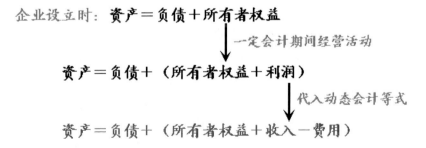

1Z102020 成本与费用

复习提示：

此节是本章的重点、难点，考生应区分支出、费用和成本三个概念，掌握折旧的概念和计算。

1Z102021 费用与成本的关系

一、费用的特点

1）费用是企业日常经营活动的经济利益流出；

2）费用表现为资产的减少或负债的增加；

3）费用最终引起所有者权益的减少；

4）费用是本企业的经济利益流出。

二、费用和成本的区别和联系

施工企业的费用按经济用途分为生产费用和期间费用。

生产费用进一步按成本核算对象分为各个施工项目部开支的生产成本（工程成本）。

期间费用进一步分为施工企业开支的管理费用和财务费用。

注意：期间费用不得计入成本，在计算当期利润（损益）时扣除。

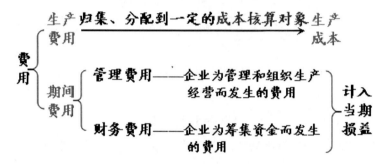

1Z102022 工程成本的确认和计算方法

一、费用与支出的关系

资本性支出——效益及于几个会计年度的支出，
　　　　　　　如：固定资产购置费
　　　　　　　先资本化，再分期计入费用

收益性支出——效益仅及于本会计年度的支出，
　　　　　　　如：原材料、燃料费、支付工资
　　　　　　　直接计入当期费用

不是费用 {
营业外支出——与生产经营无直接关系的支出，
　　　　　　　如：固定资产盘亏、捐赠支出
　　　　　　　直接计入当期损益

利润分配支出——对税后利润的分配
}

二、固定资产折旧

（一）折旧的概念

折旧——对固定资产的应计折旧额分摊计入使用寿命期内各期的成本或管理费用。

$$应计折旧额 = 固定资产原值 - 预计净残值$$

其中，预计净残值＝预计残值回收－预计清理费用，或者：预计净残值＝固定资产原值×预计净残值率。

显然，影响折旧额的因素有：固定资产的原值、预计净残值、使用寿命。

注意：折旧体现了权责发生制。计入各期的折旧额不是现金流出。

（二）折旧的计算

平均折旧法——具体有：平均年限法、工作量法。

加速折旧法——具体有：双倍余额递减法、年数总和法。在固定资产的使用前期计提较多的折旧额，使用后期计提较少的折旧额，从而取得纳所得税时的资金时间价值好处。

折旧方法一旦确定，不得随意变更。

1. 平均年限法

$$年折旧额 = \frac{应计折旧额}{预计使用年限}$$

【典型例题】某设备预计使用 5 年，原值 30000 元，预计残值 1500 元，预计清理费用 500 元，求按平均年限法计提的年折旧额。

解答：

$$年折旧额 = \frac{应计折旧额}{预计使用年限} = \frac{30000 - (1500 - 500)}{5} = 5800（元）$$

2. 工作量法

$$单位工作量折旧额 = \frac{应计折旧额}{预计总工作量}$$

【典型例题】挖掘机原价 30000 元，预计净残值率 5%，预计工作 500 个台班。投入使用后，第一年实际工作 200 个台班，第二年实际工作 150 个台班，第三年实际工作 170 个台班。求各年应计提的折旧额。

解答：

$$每台班折旧额 = \frac{应计折旧额}{预计总工作量} = \frac{30000 \times (1 - 5\%)}{500} = 57（元）$$

第一年折旧额 $= 57 \times 200 = 10400（元）$

第二年折旧额 $= 57 \times 150 = 8550（元）$

第三年折旧额 $= 57 \times 150 = 8550（元）$

注意：第三年折旧额只能按 150 个台班计提，因为已提足折旧但仍继续使用的 20 个台班不能计提折旧。

三、无形资产摊销

摊销——对无形资产的原值平均分摊计入使用寿命期内各年的管理费用。

注意： 折旧体现了权责发生制。计入各期的摊销额不是现金流出。

1Z102023 工程成本的核算

工程成本——施工企业按一定成本核算对象归集的成本。

施工企业的成本核算对象应在工程开工前确定，一旦确定不得随意变更。一般情况下，一个施工合同即为一个成本核算对象；特殊时，一个施工合同可以分立为几个成本核算对象，或者几个施工合同可以合并为一个成本核算对象。

注意： 直接费用理解为施工项目部自身在施工现场发生的成本；间接成本是施工项目部请外援而负担的成本，如项目部聘请施工企业内部维修队维修作业的开支。

1Z102030 收入

复习提示：

此节是本章的重点、难点，考生应掌握收入的概念和计算。

1Z102031 收入的分类及确认

广义收入——包括营业收入、投资收益、补贴收入、营业外收入。

狭义收入——仅指营业收入。

营业收入的特点：

1）营业收入是企业日常经营活动的经济利益流入；

2）营业收入表现为资产的增加或负债的减少；

3）营业收入最终引起所有者权益的增加；

4）营业收入是本企业的经济利益流入。

按主次，施工企业的营业收入分为：

主营业务收入——施工合同收入；

其他业务收入——包括销售产品收入、提供劳务收入、让渡资产使用权收入。

1Z102032 施工合同收入的核算

一、施工合同的特征

1）先由买主再有标的；2）建设周期长；3）工程造价高；4）是不可撤销合同。

二、施工合同的分立与合并

施工合同收入核算的口径应与成本核算对象保持一致，即一般情况，按一个施工合同核算收入；特殊时，分立或合并核算收入。

（一）施工合同的分立

每项资产有独立建造计划；每项资产单独谈判；每项资产的收入和成本可单独辨认。

（二）施工合同的合并

几个合同按一揽子交易签订；每个合同是一个综合利润率工程的组成部分；几个合同同时或依次履行。

三、施工合同收入的内容

主要是合同初始收入，另有因合同变更、索赔、奖励等形成的收入。

四、施工合同收入的确认

（一）合同结果能够可靠估计时

按完工百分比（完工进度）确认施工合同收入，体现了权责发生制。

注意：完工进度——逐年累计，合同收入——分年确认。

1. 按合同成本比例确定完工进度

$$完工进度 = \frac{累计实际发生的合同成本}{合同预计总成本} \times 100\%$$

【典型例题】教材 P112 的【例 1Z102032-1】

解答：

$$第1年完工进度 = \frac{750}{750+1750} \times 100\% = 30\%$$

$$第1年确认收入 = 3000 \times 30\% = 900（万元）$$

$$第2年完工进度 = \frac{750+1050}{750+1050+700} \times 100\% = 72\%$$

$$第2年确认收入 = 3000 \times 72\% - 900 = 1260（万元）$$

$$第3年完工进度 = 100\%$$

$$第3年确认收入 = 3000 - 900 - 1260 = 840（万元）$$

2. 按工程量比例确定完工进度

$$完工进度 = \frac{累计实际完成的合同工程量}{合同预计总工程量} \times 100\%$$

【典型例题】教材 P112 的【例 1Z102032-2】

解答：

$$第1年完工进度 = \frac{45}{150} \times 100\% = 30\%$$

$$第1年确认收入 = 6 \times 30\% = 1.8（亿元）$$

$$第2年完工进度 = \frac{45+75}{150} \times 100\% = 80\%$$

$$第2年确认收入 = 6 \times 80\% - 1.8 = 3（亿元）$$

$$第3年完工进度 = 100\%$$

$$第3年确认收入 = 6 - 1.8 - 3 = 1.2（亿元）$$

3. 按技术测量确定完工进度

（二）合同结果不能可靠估计时

1）预计合同成本能够回收的，收入按成本实际发生额确认，即合同利润＝0；

2）预计合同成本不能回收的，不核算收入，即合同利润为亏损，亏损额＝实际成本。

1Z102040 利润和所得税费用

复习提示：

考生应掌握利润计算的 3 个公式、利润分配的程序。

1Z102041 利润的计算

一、利润的计算

利润——企业一定会计期间的经营成果。

（一）营业利润

主要记忆：

营业利润＝营业收入－营业成本－营业税金及附加－管理费用－财务费用+投资收益

（二）利润总额

$$利润总额 = 营业利润 + 营业外收入 - 营业外支出$$

其中，营业外收入包括：固定资产盘盈、处置固定资产或无形资产净收益、罚款收入；营业外支出包括：固定资产盘亏、处置固定资产或无形资产净损失、罚款支出、债务重组损失、捐赠支出等。

（三）净利润（税后利润）

$$净利润 = 利润总额 - 所得税费用$$

二、利润分配

可供当年分配的利润＝当年净利润＋以前年度未分配利润。

分配程序是：

1）弥补以前年度亏损；

2）提取法定公积金；

3）提取任意公积金；

4）向投资人分配利润；

5）留一定的未分配利润。

其中，法定公积金按当年净利润的 10%计提；累计法定公积金达到企业注册资本的 50%以上的，可不再计提法定公积金。法定公积金的用途有 3 个：弥补亏损、扩大企业生产经营、增加企业注册资本。

注意：盈余公积（含法定公积金和任意公积金）和未分配利润都是对净利润的留存，是投资人的长远利益，故属于所有者权益。

1Z102042 所得税费用的确认

$$企业所得税＝应纳税所得额×所得税税率$$

其中，应纳税所得额＝企业年收入总额－税法准予扣除项目。

企业所得税税率一般为 25%。特殊的，小微型企业所得税税率为%，高新技术企业所得税税率为 15%。

注意：税法准予扣除项目 ≠ 会计核算的费用，例如：税法规定捐赠支出在年度利润总额 12%以内的部分准予扣除，超过部分则不准扣除。

1Z102050 企业财务报表

复习提示：

了解 4 张主要财务报表的作用。

1Z102051 财务报表的构成

财务报表——反映企业某一时点财务状况、某一时期经营成果和现金流量的报表。

一、财务报表列报的基本要求

以企业持续经营为基础；报表项目不得随意变更；报表项目应具有可比性。

二、财务报表的构成

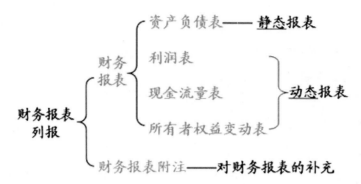

1Z102052 资产负债表、所有者权益变动表

（一）资产负债表

资产负债表——反映企业某一时点财务状况的报表，有月报表、年报表。

编制依据是静态会计等式：资产＝负债＋所有者权益。

我国的资产负债表为账户式资产负债表：左边列报资产，按流动性由大到小，先列报流动资产，再列报长期资产；右边列报负债和所有者权益。

（二）所有者权益变动表

所有者权益变动表——列报所有者权益的各个组成部分（实收资本、资本公积、盈余公积、未分配利润）的年初数和年末数，反映一年内的增减变动。

1Z102053 利润表的内容和作用

利润表——反映企业某一定会计期间经营成果的报表，有月报表、年报表。

编制依据是动态会计等式：收入－费用＝利润。

我国的利润表为多步式利润表：分三步列报营业利润、利润总额、净利润。

1Z102054 现金流量表的内容和作用

现金流量表——反映企业一年内广义现金的流入和流出情况的报表。

广义现金——包括库存现金、随时可用于支付的存款、其他货币资金、现金等价物。

其中，现金等价物是指三个月内到期的债权性投资（满足：期限短、流动性强、易转换为已知金额的现金、价值变动风险小）。

注意：现金流量表的编制基础是现金收付实现制。

产生现金流量的三大活动：经营活动、投资活动（包括对内、对外投资）、筹资活动。

1Z102060 财务分析

复习提示：

掌握比率分析法的主要指标。

1Z102061 财务分析方法

财务分析——通过会计核算和财务报表提供的数据分析企业的财务状况和经营成果。

财务分析的方法有：趋势分析法、比率分析法、因素分析法。

1Z102062 基本财务比率的计算和分析

基本财务比率有四大能力比率：偿债能力比率、资产管理能力比率、盈利能力比率、发展能力比率。

一、偿债能力比率

（一）资产负债率

反映企业偿还全部负债的能力，反映企业经营风险的程度。

$$资产负债率 = \frac{负债}{资产} \times 100\%$$

资产负债率 50% 较合适。

（二）流动比率

反映企业偿还流动负债的能力。

$$流动比率 = \frac{流动资产}{流动负债} \times 100\%$$

流动比率一般不低于 2。

（三）速动比率

反映企业以速动资产偿还流动负债的能力。

$$速动比率 = \frac{速动资产}{流动负债} \times 100\%$$

式中：速动资产 = 流动资产 − 存货。

流动比率一般应不低于 1。

二、资产管理比率

（一）总资产周转率

$$总资产周转率 = \frac{主营业务收入}{平均资产} = \frac{主营业务收入}{\dfrac{年初资产 + 年末资产}{2}}$$

注意：主营业务收入是时期数，资产是时点数，故应取平均资产。

（二）流动资产周转率

$$流动资产周转率 = \frac{营业收入}{平均流动资产} = \frac{营业收入}{\dfrac{年初流动资产 + 年末流动资产}{2}}$$

（三）应收账款周转率

$$应收账款周转率 = \frac{营业收入}{平均应收账款} = \frac{营业收入}{\dfrac{年初应收账款 + 年末应收账款}{2}}$$

（四）存货周转率

$$存货周转率 = \frac{营业成本}{平均存货} = \frac{营业成本}{\dfrac{年初存货 + 年末存货}{2}}$$

注意：以上 4 个周转率均越高越好，反映企业资产管理效率越高。

还可以计算周转天数，周转天数越短越好，例如：

$$总资产周转天数 = \frac{365}{总资产周转率}$$

三、盈利能力比率

（一）净资产收益率

反映企业盈利能力的核心指标，越高越好。

$$净资产收益率 = \frac{净利润}{平均净资产} = \frac{净利润}{\dfrac{年初所有者权益 + 年末所有者权益}{2}}$$

（二）总资产报酬率

反映企业利用全部资产对社会所作贡献的程度，越高越好。

$$总资产报酬率 = \frac{息税前利润}{平均资产} = \frac{利润总额 + 利息支出}{\dfrac{年初资产 + 年末资产}{2}}$$

四、发展能力比率

（一）营业增长率

$$营业增长率 = \frac{本年营业收入增长额}{上年营业收入} = \frac{本年营业收入 - 上年营业收入}{上年营业收入}$$

营业增长率应不低于 0，且越高越好，说明企业市场占有率在增长。

（二）资本积累率

$$资本积累率 = \frac{本年所有者权益增长额}{年初所有者权益} = \frac{年末所有者权益 - 年初所有者权益}{年初所有者权益}$$

资本积累率反映了企业资本金的保全性和增长性，资本积累率应不低于 0 且越高越好。

五、财务指标综合分析——杜邦财务分析体系

以净资产收益率为核心指标做出财务分析，希望找出提高净资产收益率的对策。

1Z102070 筹资管理

复习提示：

此节是本章的重点、难点，考生应掌握资金成本率的概念和计算，掌握短期筹资和长期筹资的主要方式。

1Z102071 资金成本的作用及其计算

一、资金成本的概念

资金成本——企业筹集和使用资金而支付的代价，包括资金占用费和筹资费。

一般表示为资金成本率：

$$资金成本率 = \frac{年度资金占用费}{筹资净额} \times 100\%$$

二、资金成本率的作用

企业应选择资金成本率低的融资方式。

基准收益率首先取决于资金成本率。

三、资金成本率的计算

（一）个别资金成本率

即一种融资方式的资金成本率。

（二）综合资金成本率

即多种融资方式的加权平均资金成本率。

【典型例题】某企业账面反映的长期资金 4000 万元，其中优先股 1200 万元，应付长期债券 2800 万元。发行优先股的筹资费费率 3%，年股息率 9%；发行长期债券的票面利率 7%，筹资费费率 5%，企业所得税税率 25%。该企业筹资的资金成本率是多少？

解答：先计算个别资金成本率：

$$普通股的资金成本率 i_1 = \frac{1200 \times 9\%}{1200 \times (1-3\%)} \approx 9.28\%$$

$$债券的资金成本率 i_2 = \frac{2800 \times 7\% \times (1-25\%)}{2800 \times (1-5\%)} \approx 5.53\%$$

再计算综合资金成本率：

$$i = 9.28\% \times \frac{1200}{4000} + 5.53\% \times \frac{2800}{4000} \approx 6.66\%$$

注意：负债融资的利息支出可以抵税；所有者权益融资是用税后利润给投资人分红的，故不能抵税。

1Z102072 短期筹资的特点和方式

一、短期筹资的特点

短期筹资就是流动负债，即一年内将到期的负债。其优点是筹资速度快、弹性好、资金成本率低，缺点是筹资风险高。

$$资产=负债+所有者权益$$

$$\underset{资产}{流动}+\underset{资产}{长期}=\underset{负债}{流动}+\underset{负债}{长期}+所有者权益$$

$$\underset{资产}{流动}+\underset{资产}{长期}=\underset{筹资}{短期}+\underset{筹资}{长期}$$

二、短期筹资策略

见上式，有 3 种策略：

1）配合型：流动资产＝短期筹资，长期资产＝长期筹资；

2）激进型：流动资产＋部分长期资产＝短期筹资，可见，全部融资中短期筹资比重较高，优点是综合资金成本率较低，缺点是筹资风险较高；

3）稳健型：流动资产＝短期筹资＋部分长期筹资，可见，短期筹资不能满足流动资产的资金占用量，流动资产与短期筹资之差即流动资金，靠长期筹资解决。

三、短期筹资的方式

主要是短期借款和商业信用，商业信用又有应付账款、应付票据、预收账款。

（一）商业信用

1. **应付账款**

注意：应付账款的现金折扣政策，例如"2/15、n/30"，表示：债务人若 10 天内付款享受总价折扣 2%，若 10 天以后、30 天以内付款则无折扣，债务人放弃现金折扣的代价为

$$放弃现金折扣=\frac{折扣百分比}{1-折扣百分比}\times\frac{360}{信用期-折扣期}=\frac{2\%}{1-2\%}\times\frac{360}{30-15}=48.98\%$$

2. **应付票据**

债务人为延期付款、证明与商品交易对方的债权债务关系的票据。应付票据按承兑人不同分为商业承兑汇票和银行承兑汇票，最长可延期 6 个月。

3. **预收账款**

建设单位对施工企业的预付工程款，就是施工企业的预收账款，是施工企业的流动负债。

（二）短期借款

银行对企业发放短期借款的信用条件一般有：信贷限额、周转信贷协定、补偿性余额、偿还条件等。

借款企业支付利息的方式有：还款法、贴现法、加息法。后两种付息方式都提高了贷款的实际利率。

1Z102073 长期筹资的特点和方式

1Z102080 **流动资产财务管理**

复习提示：

重点掌握最佳现金持有量和存货经济批量的计算。

长期筹资
- 长期负债
  - 长期借款
  - 长期债券
  - 融资租赁
  - 可转换债券
- 长期股权筹资
  - 优先股
  - 普通股
  - 认股权证

1Z102081 现金和有价证券的财务管理

现金——广义现金，包括库存现金、银行存款、银行汇票、银行本票等。

有价证券——随时可兑现为现金的证券（股票、债券等）。

一、现金管理的目标

企业持有现金的原因是为了满足交易性需要、预防性需要和投机性需要。

二、现金收支管理

力争现金流量同步、使用现金浮游量、加速收款、推迟付款。

三、最佳现金持有量

持有现金的机会成本、管理成本和短缺成本之和最小时的现金持有量即为最佳。

1Z102082 应收账款的财务管理

债权人应制定应收账款的信用政策：信用期间、信用标准、现金折扣政策。

其中，信用标准就是注意评价潜在债务人的"5C"：品质、能力、资本、条件、抵押。

1Z102083 存货的财务管理

一、存货成本

存货成本包括三部分：取得成本（订货成本和购置成本）、储存成本、缺货成本。

二、存货的经济批量

使存货的三个成本之和最低时的一次采购量即为经济批量。

$$Q^* = \sqrt{\frac{2KD}{K_2}}$$

【典型例题】甲材料全年需求量 90000 件,材料单价 300 元,一次订货成本 240 元,每件材料年平均储备成本 1.20 元,年缺货成本 3000 元。甲材料的经济采购批量为多少件?

解答:

$$Q^* = \sqrt{\frac{2KD}{K_2}} = \sqrt{\frac{2 \times 240 \times 90000}{1.2}} = 6000（件）$$

三、存货的 ABC 分析法

将企业存货划分为 A、B、C 三类,重点管理好 A 类存货。

A 类存货——"重要的少数",即种类少但资金占用量大的存货,按经济批量采购,严格管理。

1Z103000 建设工程估价

1Z103010 建设工程项目总投资

复习提示:

此节是本章的重点、难点,考生应掌握项目总投资的分类,熟练计算进口设备抵岸价、涨价预备费、建设期利息。

1Z103011 建设工程项目总投资

生产性建设工程项目总投资包括建设投资和铺底流动资金。

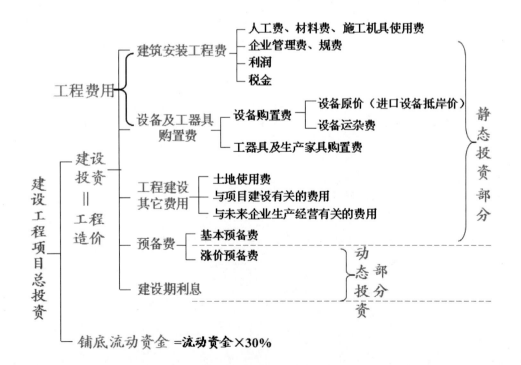

非生产性建设工程项目总投资仅有建设投资。

1Z103012 设备及工器具购置费的组成

设备及工器具购置费占总投资的比重，反映了生产技术的进步和资本有机构成的程度。

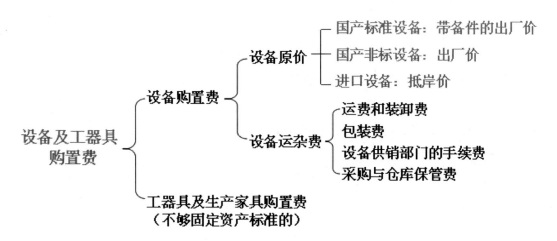

注意：进口设备原价（抵岸价）的计算：

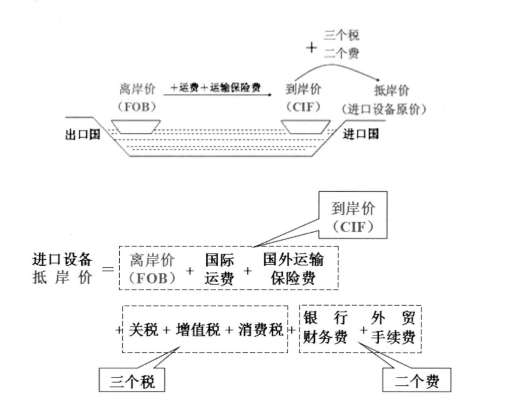

其中，"三个税"应按顺序计算：

1）关税＝到岸价（CIF）×汇率×关税税率

2）消费税 $= \dfrac{到岸价 \times 汇率 + 关税}{1 - 消费税税率} \times 消费税税率$

3）增值税＝组成计税价格×增值税税率＝（到岸价＋关税＋消费税）×增值税税率

"二个费"的计算应注意基数不同：

1）银行财务费＝离岸价（FOB）×汇率×银行财务费率

2）外贸手续费＝到岸价（CIF）×汇率×外贸手续费率

【典型例题】某进口设备按人民币计算，离岸价为830万元，到岸价920万元，银行财务费费率0.5%，外贸手续费1.38万元，增值税168.72万元，进口设备检验鉴定费为3万元，进口关税税率20%，则该进口设备的抵岸价为多少万元？

解答：

抵岸价＝到岸价＋三个税＋二个费

＝920＋920×20%＋0＋168.72＋830×0.5%＋1.38

＝1278.25（万元）

1Z103013 工程建设其他费的组成

工程建设其他费发生在从工程筹建起到工程竣工验收交付生产或使用止的整个建设期，包括三类费用：土地使用费、与项目建设有关的费用、与未来企业生产经营有关的费用。

其中，与项目建设有关的费用主要包括：建设管理费（含：建设单位管理费、工程监理费、工程质量监督费）、可行性研究费、勘察设计费、环境影响评价费、安全卫生评价费、场地准备费、引进技术和进口设备其他费、工程保险费、特殊设备安全监督检验费、绿化补偿费等。

其中，与未来企业生产经营有关的费用包括：联合试运转费（联合试运转净支出）、生产准备费、办公和生活家具购置费。

1Z103014 预备费的组成

一、基本预备费

也称不可预见费。

基本预备费＝（设备及工器具购置费＋建安工程费用＋工程建设其他费用）×基本预备费率

二、涨价预备费

注意：在建设投资开始时，计算各年工程费用（设备及工器具购置费和建筑安装工程费）的涨价费之和。

$$涨价预备费 = \sum_{t=1}^{n} I_t [(1+f)^t - 1]$$

【典型例题】某工程项目的建筑安装工程费与设备及工器具购置费之和为 10000 万元，项目建设期为 3 年，分年使用比例为第一年 20%，第二年 50%，第三年 30%，建设期内年平均价格变动率 6%。该项目建设期的涨价预备费为多少万元？

解答：各年投入的工程费用：第一年 2000 万元、第二年 5000 万元、第三年 3000 万元。

第一年涨价预备费 $= 2000 \times [(1+6\%)^1 - 1] = 120$（万元）

第二年涨价预备费 $= 5000 \times [(1+6\%)^2 - 1] = 618$（万元）

第三年涨价预备费 $= 3000 \times [(1+6\%)^3 - 1] = 573.05$（万元）

涨价预备费 $= 120 + 618 + 573.05 = 1311.05$（万元）

1Z103015 建设期利息

注意：假设当年贷款在年中支用，则当年利息按一半计算。

【典型例题】某新建项目，建设期为 3 年，在建设期第 1 年贷款 300 万元，第 2 年贷款 400 万元，贷款年利率为 10%，各年贷款均在年内均匀发放。计算建设期贷款利息。

解答：

第一年利息 $= \dfrac{1}{2} \times 300 \times 10\% = 15$（万元）

第一年末本利和 $= 300 + 15 = 315$（万元）

第二年利息 $= (315 + \dfrac{1}{2} \times 400) \times 10\% = 51.5$（万元）

第二年末本利和 $= 315 + 400 + 51.5 = 766.5$（万元）

第三年利息 $= 766.5 \times 10\% = 76.65$（万元）

建设期利息 $= 15 + 51.5 + 76.65 = 143.15$（万元）

1Z103020 建筑安装工程费用项目的组成与计算

复习提示：

此节是本章的重点、难点，考生应牢固掌握建筑安装工程费的组成。

按费用构成要素划分：　　　　　按造价形成划分：

建筑安装工程费 { 人工费　材料费　施工机具使用费　企业管理费　利润　规费　税金

建筑安装工程费 { 分部分项工程费　措施项目费　其他项目费　规费　税金

注意： 对比以上从两个角度划分的建筑安装工程费，显然，分部分项工程费和措施项目费的价格中含了人、料、机、管理费和利润，但不含规费和利润。

1Z103021 按费用构成要素划分的建筑安装工程费用项目组成

一、人工费

支付给现场施工的生产工人和附属生产单位工人的工资总额。

人工费包括 5 项：计时工资或计件工资、奖金、津贴补贴、加班加点工资、特殊情况下支付的工资。其中，特殊情况下支付的工资主要是病、工伤、带薪休假、停工学习等支付的工资。

$$人工费 = \sum（工日消耗量×日工资单价）$$

工程造价管理机关规定：普工、技工、高级技工的最低日工资单价分别不低于工程所在地最低日工资标准的 1.3 倍、2 倍、3 倍。日工资单价还应考虑工种差别。

二、材料费

注意：包括材料费和工程设备费。

（一）材料费

材料是指工程施工耗用的主材、辅材、零星材料等。材料费包括 4 项：原价、运杂费、运输损耗费、采购及保管费。

$$材料费 = \sum（材料消耗量×材料单价）$$

其中，材料单价=[（材料原价+运杂费）×（1+运输损耗率）]×（1+采购保管费率）。

（二）工程设备费

工程设备是指构成永久工程一部分的机电设备等。

$$工程设备费 = \sum（工程设备量×设备单价）$$

其中，设备单价 =（设备原价+运杂费）×（1+采购保管费率）。

【典型例题】某施工材料采购原价为 190 元/吨，运杂费为 40 元/吨，运输损耗率为 1%，采购保管费率为 3%。计算该材料的单价。

解答：

材料单价 $=(190+40)\times(1+1\%)\times(1+3\%)=239.27$（元/吨）

三、施工机具使用费

施工机具使用费 = 施工机械使用费 + 仪器仪表使用费

（一）施工机械使用费

施工机械使用费 = 台班单价 × 台班耗用量

其中，台班单价由 7 项费用组成：折旧费、大修理费、经常修理费、安拆费及场外运费、人工费（机上操作人员的人工费）、燃料动力费、为施工机械缴纳的税费。

（二）仪器仪表使用费

仪器仪表使用费 = 工程使用的仪器仪表摊销费 + 维修费

四、企业管理费

施工企业为组织施工生产和经营管理所发生的费用。

企业管理费包括 14 项：管理人员工资、办公费、差旅交通费、固定资产使用费、工具用具使用费、劳动保险和职工福利费、劳动保护费、检验试验费、工会经费、职工教育经费、财产保险费、财务费、税金、其他（如投标费、业务招待费、广告费、咨询顾问费）。

企业管理费 = 计算基础 × 企业管理费费率

其中，计算基础视情况可能有 3 种取值：1）人、料、机之和；2）人、机之和；3）人工费。

五、利润

工程造价管理机关制订定额时，利润按税前建筑安装工程费（人、料、机和企业管理费之和）的 5%~7% 考虑。

六、规费

5 个社会保险费（养老、失业、医疗、生育和工伤保险费）、住房公积金、工程排污费。

各项规费应严格按国家或地方、行业的相关规定计算。

七、税金

4 个税：营业税、城市维护建设税、教育费附加、地方教育附加。

税金 = 税前造价 × 综合税率

其中，税前造价是指人、料、机、企业管理费、利润和规费之和。

纳税地点在市区的施工企业其综合税率为 3.48%。

1Z103022 按造价形成划分的建筑安装工程费用项目组成

一、分部分项工程费

各专业工程（如房屋建筑工程、市政工程、爆破工程等）的分部分项工程（如土方工程、钢筋工程等）费用。

二、措施项目费

工程施工过程发生、不构成永久性工程实体的费用。

措施项目费一般包括：安全文明施工费、夜间施工增加费、二次搬运费、冬、雨期施工增加费、已完工程及设备保护费、工程定位复测费、特殊地区施工增加费、大型机械设备进出场及安拆费、脚手架工程费。

其中，安全文明施工费含 4 项：环境保护费、文明施工费、安全施工费、临时设施费。

三、其他项目费

一般包括 4 项：暂列金、暂估价、计日工、总承包服务费。

四、规费

五、税金

1Z103030 建设工程定额

复习提示：

掌握按编制程序和用途分类的定额，了解人、料、机定额的编制。

1Z103031 建设工程定额的分类

注意： 按编制程序和用途分类的 5 种定额。

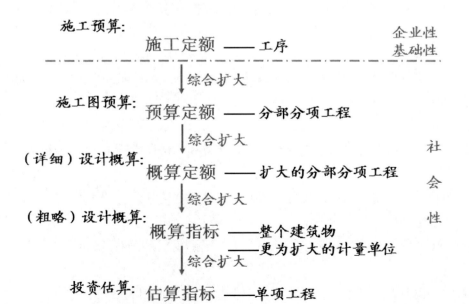

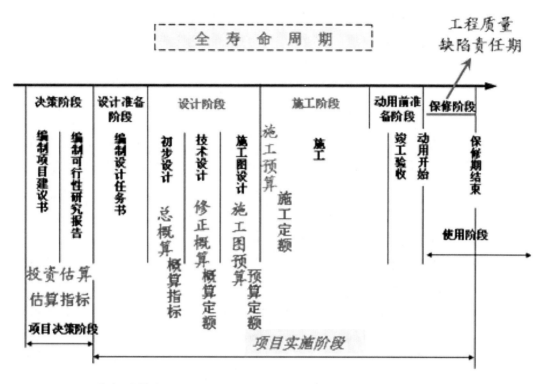

1Z103032 人工定额的编制

在正常施工条件下的劳动效率,每个工人为生产单位合格产品所必须消耗的劳动时间(即时间定额),或者在单位劳动时间内所生产的合格产品数量(即产量定额)。显然:

$$时间定额 \times 产量定额 = 1$$

编制人工定额主要有两项工作:拟订正常的施工条件、拟订定额时间。

制定时间定额的主要依据是必须消耗的时间,包括:有效工作时间、休息时间、不可避免的中断时间。其中,有效工作时间进一步分为:基本工作时间、准备与结束工作时间、辅助工作时间(手工操作时考虑)。

制定人工定额的常用方法有:技术测定法、统计分析法、比较类推法、经验估计法。

1Z103033 材料消耗定额的编制

一、主材、辅材、零星材料消耗定额

定额包括:材料净用量、现场内运输和操作不可避免的损耗。

$$材料消耗量 = 净用量 + 损耗量 = 净用量 \times (1 + 损耗率)$$

材料净用量的测定方法有:理论计算法、测定法、图纸计算法、经验法。

材料损耗率的测定方法有:观察法、统计法。

二、周转性材料消耗定额

周转性材料——在施工过程中多次使用、周转的工具性材料,如钢模板、竹跳板等。

周转性材料消耗定额用两个指标表示：一次使用量、摊销量，具体有：

$$一次使用量 = 净用量 \times （1 + 操作损耗率）$$

$$摊销量 = \frac{一次使用量}{周转次数}$$

1Z103034 施工机械台班使用定额的编制

在合理劳动组织和合理使用机械条件下，每台机械为完成单位合格产品所必须消耗的台班时间（即时间定额），或者在一个台班内所完成的合格产品数量（即产量定额）。

制定时间定额的主要依据是必须消耗的时间，包括：有效工作时间、不可避免的无负荷工作时间、不可避免的中断时间。其中，有效工作时间进一步分为：正常负荷下的工作时间、有根据地降低负荷下的工作时间。

施工机械台班使用定额的编制内容：

1）拟订机械工作的正常施工条件；

2）确定机械净工作生产率，即机械纯工作一小时的正常生产率；

3）确定机械的利用系数；

4）计算机械台班定额：

$$机械产量定额 = 机械净工作生产率 \times 台班延续时间 \times 机械利用系数$$

$$机械时间定额 = 1 \div 机械产量定额$$

5）计算工作小组的人工定额：

$$人工时间定额 = 机械时间定额 \times 工作小组的人数$$

【典型例题】挖掘机一次工作循环需 2 分钟，每循环一次挖土 $0.5m^3$，每台班 8 小时，机械利用系数取 0.85，工作小组 2 人。计算挖掘机的产量定额和工作小组的时间定额。

解答：

$$机械净工作生产率 = \frac{60}{2} \times 0.5 = 15（m^3 / 小时）$$

$$机械产量定额 = 15 \times 8 \times 0.85 = 102（m^3 / 台班）$$

$$机械时间定额 = \frac{1}{机械产量定额} = \frac{1}{102} = 0.0098（台班 / m^3） = 0.078（小时 / m^3）$$

$$人工时间定额 = 机械时间定额 \times 工作小组人数 = 0.078 \times 2 = 0.156（小时 / m^3）$$

1Z103035 施工定额和企业定额的编制

一、施工定额

在合理的劳动组织和正常的施工条件下，一个工人或一个工人小组为完成单位合格产品所需消耗的人工、材料、机械的数量标准。

施工定额的作用：编制施工预算的基础；有利于推广先进技术；企业计划管理的依据；

组织指挥生产的工具；计算劳动报酬的依据。施工定额编制原则：平均先进；简明适用。

二、企业定额

根据企业的技术水平和管理水平，完成单位合格产品所需消耗的人、料、机的数量标准，以及其他生产经营要素消耗的数量标准。

企业定额确定了人、料、机的消耗量，并给出了分项工程单价或综合单价。

企业定额的作用：确定施工成本的依据；编制投标报价的依据；成本管理、经济核算的基础；编制施工组织设计的依据。

注意：施工定额和企业定额都是施工企业内部定额，由施工企业自行编制。

1Z103036 预算定额与单位估价表的编制

预算定额是社会性定额，一般由各省工程造价管理站编制，在施工定额的基础上综合扩大编制而成。预算定额是编制施工图预算的依据。预算定额考虑了人工幅度差和机械幅度差。

预算定额给出工料单价估价表、综合单价单位估价表。工料单价估价表给出了完成单位分部分项工程所需的工、料、机费之和，反映了地区市场价格。综合单价单位估价表给出了完成单位分部分项工程所需的综合单价（含：工、料、机、企业管理费、利润、规费、税金）。

【典型例题】完成某预算定额项目单位工程量的基本用工 2.8 工日，辅助用工 0.7 工日，超运距用工 0.9 工日，人工幅度差系数 10%。该预算定额的人工工日消耗量为多少工日？

解答：

人工工日消耗量 $=(2.8+0.7+0.9)\times(1+10\%)=4.84(工日)$

1Z103037 概算定额与概算指标的编制

概算定额给出了扩大计量单位的分部分项工程的人、料、机的消耗量标准，考虑了更多的幅度差，在预算定额的基础上综合扩大编制而成。概算定额是编制详细设计概算的依据。

概算指标以更为扩大的计量单位对整个建筑物给出了人、料、机及造价的定额指标。概算指标是编制初步设计概算的依据。

1Z103040 建设工程项目设计概算

复习提示：

了解三级设计概算，掌握单位工程设计概算的方法。

1Z103041 设计概算的内容和作用

设计概算是由设计单位根据初步设计（或技术设计）、概算定额（或概算指标）、设备材料预算价格等资料，编制和确定的建设项目从筹建至竣工交付使用所需全部费用的经济文件。

设计概算是设计文件的重要组成部分，可分为三级：

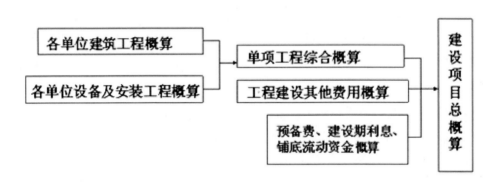

设计概算的作用：控制施工图设计和施工图预算的依据；制定和控制建设投资的依据；编制建设计划的依据；申请贷款的依据；签订工程总承包合同的依据；考评项目成本和投资效果的依据。

1Z103042 设计概算的编制依据

经批准的可行性研究报告、概算定额或概算指标、工程所在地经济条件等。

1Z103043 单位工程设计概算的编制方法

一、建筑工程概算的编制方法

1）概算定额法——根据概算定额编制概算，适用于初步设计达到一定深度的工程。

2）概算指标法——根据概算指标编制概算，适用于初步设计深度不够的工程。

3）类似工程预算法——对类似工程造价进行结构差异和价差调整编制概算，适用于有可参照的类似已完/在建工程造价。

二、设备及安装工程概算的编制方法

（一）设备购置费概算

设备购置费 = 设备原价 + 运杂费

（二）设备安装工程概算

1）预算单价法——根据安装工程预算定额单价编制概算，适用于有详细的设备清单。

2）扩大单价法——根据综合扩大安装单价编制概算，适用于设备清单不完备。

3）概算指标法——根据安装工程预算指标编制概算，适用于无法采用预算单价法和扩大单价法。常用两种：

①设备安装费＝设备原价×设备安装费率

②设备安装费＝设备总吨数×每吨设备安装费

1Z103044 设计概算的审查

设计概算的审查方法有：对比分析法、查询核实法、联合会审法。

1Z103050 建设工程项目施工图预算

复习提示：

掌握施工图预算的作用，对比掌握定额单价法和实物量法编制施工图预算的差异。

1Z103051 施工图预算编制的模式

一、传统计价模式

即定额计价模式，根据预算定额编制施工图预算，具体有定额单价法和实物量法。

二、工程量清单计价模式

根据国标《建设工程工程量清单计价规范》GB 50500—2013（以下简称《清单规范》）和招标人提供的工程量清单编制施工图预算。

1Z103052 施工图预算的作用

一、施工图预算对建设单位的作用

施工图预算是设计文件的组成部分，是安排和使用建设资金的依据，是编制工程量清单、标底的依据，是拨付进度款、办理结算的依据。

二、施工图预算对施工单位的作用

施工图预算是确定投标报价的依据，是进行施工准备的依据，是控制施工成本的依据。

1Z103053 施工图预算的编制依据

经批准的设计概算、预算定额、施工图、施工方案、工程所在地经济条件等。

1Z103054 施工图预算的编制方法

一、定额单价法

根据预算定额中的工料单价编制施工图预算。主要是两个工作：

$$单位工程人、料、机费 = \sum（分项工程量 \times 预算定额的工料单价）$$

单位工程施工图预算 = 单位工程人、料、机费 + 企业管理费 + 利润 + 规费 + 税金

二、实物量法

根据预算定额中的人、料、机消耗量指标和市场价格编制施工图预算。主要是三个工作：

$$单位工程人/料/机消耗量 = \sum 分项工程人/料/机消耗量$$

$$单位工程人、料、机费 = \sum 单位工程人/料/机消耗量 \times 市场人/料/机单价$$

单位工程施工图预算 = 单位工程人、料、机费 + 企业管理费 + 利润 + 规费 + 税金

注意：定额单价法编制施工图预算，直接套用预算定额中相应分部工程的工料单价，计算简便。实物量法编制施工图预算，仅套用预算定额中相应分部工程的人、料、机消耗量指标，而人、料、机的单价按工程当时当地的市场价格取值，误差较小，但计算复杂。

1Z103055 施工图预算的审查

审查的内容主要是：审查工程量；审查定额或单价的套用；是否超过设计概算。

审查的方法：逐项审查法、标准预算审查法、分组计算审查法、对比审查法、筛选审查法、重点审查法。

1Z103060 工程量清单编制

复习提示：

了解工程量清单的作用，掌握五张工程量清单的基本编制内容。

1Z103061 工程量清单的作用

工程量清单计价是市场定价的计价模式。

国有资金投资的工程必须采用工程量清单计价；非国有资金投资的工程宜采用工程量清单计价，若不采用工程量清单计价，也应执行《清单规范》中除工程量清单专门规定外的其他规定。

工程量清单的作用：为投标竞争提供了一个共同、平等的基础，是工程计价的依据，是工程付款、结算的依据，是调整工程量、工程索赔的依据。

1Z103062 工程量清单编制的方法

工程量清单由招标人提供，是招标文件的组成部分，是投标报价的依据，也是施工合同的组成部分。

工程量清单由分部分项工程项目清单、措施项目清单、其他项目清单、规费项目清单和税金项目清单组成。

一、分部分项工程项目清单

列出了每个分部分项工程的项目编码、项目名称、项目特征、计量单位、工程净量。

项目编码为 12 位，分五级，第一级至第四级编码（1~9 位数）按相关《计量规范》的规定设置，第五级编码（10~12 位数）为工程量清单项目顺序码，由招标人编制。

项目特征是指构成分部分项工程项目自身价值的本质特征。一个分部分项工程的项目特征是区别清单项目的依据，是确定综合单价的前提，是履行施工合同义务的基础。

工程净量是按《计量规范》规定的工程量计算规则和施工图图示尺寸计算的。

二、措施项目清单

措施项目分能计量的（单价措施项目）和不能计量的（总价措施项目）两类。

对能计量的措施项目，清单中列出了项目编码、项目名称、项目特征、计量单位、工程净量。对不能计量的措施项目，清单中仅列出了项目编码、项目名称。

措施项目清单招标人应根据拟建工程的实际情况列项，并允许投标人补充。

三、其他项目清单

其他项目清单一般提供 4 项：暂列金、暂估价、计日工、总承包服务费。

暂列金是招标人列出的一笔不可预见费，用于以后履约时可能发生的变更、索赔等款项。

暂估价是招标人暂估的材料、工程设备、专业工程等价款。

计日工是为解决施工现场发生的合同外零星工作的计价而设立的。清单提供的计日工表中人工应按工种、材料应按品种、机械应按型号等详细列项。

总承包服务费是在招标人自行采购或指定分包情况下要求总承包人提供协调和服务时列此项费用。

四、规费项目清单

清单中应列出社会保险费（"五险"）、住房保证金、工程排污费 3 项。

五、税金项目清单

清单列出营业税、城建税、教育费附加、地方教育附加 4 项。

1Z103070 工程量清单计价

复习提示：

此节是本章的重点、难点，考生应掌握分部分项工程综合单价的构成和报价，掌握单位工程造价的形成，了解招标控制价的作用。

1Z103071 工程量清单计价的方法

一、工程量清单计价的基本过程

两个过程：招标人编制工程量清单、投标人应用工程量清单报价。

二、工程量清单计价的方法

（一）分部分项工程费的计算

一个单位工程的全部分部分项工程费计算按下式：

$$分部分项工程费 = \Sigma 分部分项工程量 \times 分部分项工程综合单价$$

式中，每个分部分项工程的工程净量由招标人提供，投标人不得任意调整。中标后，履行施工进行结算时，按合同约定应予计量的且承包人实际完成的工程量确定。综合单价由投标人自主报价。综合单价是指完成一个清单规定计量单位的分部分项工程所需的人、料、机、企业管理费、利润及风险费，综合单价不含规费和税金。

投标人对某一个分部分项工程报价按下式计算：

$$综合单价 = \frac{施工作业量的人、材、机、企业管理费、利润、风险费}{工程净量}$$

【典型例题】某土方工程采用《建设工程工程量清单计价规范》GB 50500—2013 计价，招标人提供的工程量清单中挖土方的工程量为 2600m³，投标人根据其施工方案计算出的挖土方作业量为 4300m³，完成该分项工程的人、料、机费合计为 76000 元，企业管理费 20000 元，措施费 8000 元，利润 5000 元，规费 6000 元，税金 2000 元，不考虑风险因素。投标人对土方工程的综合单价应报价多少？

解答：

$$土方工程综合单价 = \frac{76000 + 20000 + 5000 + 0}{2600} = 38.85(元/m^3)$$

注意：分部分项工程报价中不能含措施项目费、规费、税金。

（二）措施项目费的计算

一个单位工程的全部分部分项工程费按下式计算：

$$措施项目费 = 单价措施项目工程量 \times 单价措施项目综合单价 + 总价措施项目费$$

由上式可见，单价措施项目，如脚手架，类似分部分项工程项目，投标人自由报综合单价；总价措施项目，如二次搬运费、夜间施工费等，投标人按参数法或分包法自由报总价。

注意：安全文明施工费（安全施工费、文明施工费、环境保护费、临时设施费）不得作为竞争性费用，必须严格按相关规定、应用参数法报总价。

注意：措施项目无论是报单价还是总价，均不含规费、税金。

（三）其他项目费的计算

一个单位工程的其他项目费按下式计算：

$$其他项目费 = 暂列金 + 暂估价 + 计日工 + 总承包服务费$$

式中，暂列金、暂估价由招标人提供金额，投标人不得变动；计日工由招标人提供计日工表并提供估计工程量，投标人逐项报单价，汇总得出计日工费；总承包服务费由投标人自由报总价。

（四）规费和税金的计算

投标人严格按相关规定在规费清单和税金清单中非竞争性报价。

（五）单位工程报价的计算

一个单位工程的造价按下式计算：

单位工程造价＝分部分项工程费＋措施项目费＋其他项目费＋规费＋税金

1Z103072 招标控制价的编制

国有资金投资的工程招标，招标人必须提供招标控制价。招标控制价若超过经批准的设计概算，招标人报原概算审批部门审核。

招标控制价在招标文件中公布，不得调整，应公布招标控制价各组成部分的详细内容。例如：招标人计算总承包服务费时，若总承包对业主指定分包商管理，按分包工程款的 1.5%计；若总承包对业主指定分包商管理及服务，按分包工程款的 3%~5%计；若总承包配合业主自行采购，按材料、设备款的 1%计。

投标人经复核认为招标控制价不符合《清单规范》规定的，应在招标控制价公布后5 天内向招投标监督机构或工程造价管理机构投诉。

投标人的报价若高于招标控制价，其投标应被拒绝。

1Z103073 投标报价的编制

投标报价由投标人自主报价（《清单规范》规定的非竞争性报价的除外）。投标报价不得低于工程成本。投标人根据工程量清单、施工方案、技术措施、企业定额、市场价格等报价。

分部分项工程项目清单和措施项目清单中提供的项目特征描述是投标报价最重要的依据，若项目特征描述与设计图纸不符，投标人以项目特征描述为准报价。履约中变更工程与项目特征描述不一致，承发包双方应重新确定综合单价。

报价时，人、料、机消耗量标准、企业管理费费率、利润率、风险费率，均取自投标人的企业定额，但人、料、机的单价应按市场价格。

1Z103074 合同价款的约定

施工合同的计价方式有三种：总价合同、单价合同、成本加酬金合同。《清单规范》规定：实行工程量清单计价的工程，应采用单价合同；建设规模较小，技术难度较低，工期较短，且施工图已审批的工程可采用总价合同；紧急抢险、救灾以及施工技术特别复杂的工程可采用成本加酬金合同。

工程量清单计价的适用性不受合同形式的影响。实践中最常用的是固定单价合同，即合同价所包含的工程量清单项目综合单价在约定条件内是固定的，不予调整，工程量则按合同约定应予计量的且承包人实际完成的工程量确定；工程量清单项目综合单价在约定条件外的，允许调整，调整方式、方法按合同中的约定。

1Z103080 计量与支付

复习提示：

此节是本章的重点、难点，考生应重点掌握工程量偏差的结算、价格调整公式、预付款的起扣点等计算，并掌握工程计量、费用索赔、计日工、现场签证、竣工结算、最终结清等工作的程序。

1Z103081 工程计量

一、工程计量的原则

按合同文件的约定进行计量；按承包人实际完成的工程量计量；不符合合同文件要求、承包人超过图纸范围或承包人原因的返工工程量，不予计量；工程量清单漏项、工程量计算偏差、工程变更引起的工程量增减，应据实调整。

二、工程计量的依据

工程计量的依据一般有：质量合格证书、《计量规范》和技术规范、设计图纸。

三、单价合同的计量

（一）工程计量的程序

《清单规范》规定的单价合同按月结算程序。

1）承包人按合同约定向发包人提交当期已完工程量报告，发包人7天内核实并通知承包人；2）需现场计量核实的，发包人提前24小时通知承包人参加计量，承包人不参加计量的，视为同意发包人的计量结果；3）承包人接到发包人通知后若有异议，应在7天内提出书面意见，发包人7天内复核后通知承包人。

（二）工程计量的方法

监理工程师进行计量的有：工程量清单中的全部项目，合同文件中规定的项目，工程变更项目。

监理工程师进行工程计量的方法有：均摊法、凭据法、估价法、断面法、图纸法、分解计量法。

四、总价合同的计量

除工程变更规定的工程量增减外，总价合同各项目的工程量应为承包人用于结算的最终工程量。

1Z103082 合同价款调整

一、合同价款应当调整的事项及调整程序

二、法律法规变化

三、项目特征不符

四、工程量清单缺项

五、工程量偏差

《清单规范》规定：任一项工程量清单项目，因工程量偏差或工程变更等原因导致工程量偏差超过 15%，综合单价应予调整。当工程量增加 15% 以上时，增加部分的工程量的综合单价应予调低；当工程量减少 15% 以上时，减少后剩余部分的工程量的综合单价应予调高。即

1）当 $Q_1 > 1.15 Q_0$ 时：$S = 1.15 Q_0 \times P_0 + (Q_1 - 1.15 Q_0) \times P_1$；

2）当 $Q_1 < 0.85 Q_0$ 时：$S = Q_1 \times P_1$。

【典型例题】教材 P257【例 1Z103082-1】

【典型例题】某独立土方工程按《建设工程工程量清单计价规范》GB 50500—2013 计价，招标文件中预计工程量 150 万 m^3，合同中规定：土方工程单价 30 元/m^3，当实际工程量减少超过估计工程量 15% 时，减少后剩余部分工程量的价格调整为 35 元/m^3。工程完成后实际工程量 130 万 m^3，则该土方工程的结算工程款为（ ）万元。

解答：

预计工程量 $\times (1 - 15\%) = 150 \times (1 - 15\%) = 127.5$（万 m^3）

实际工程量 130 万 m^3 > 127.5 万 m^3，故不调整单价

土方工程结算款 $= 130 \times 30 = 3900$（万元）

上式中，调整后综合单价 P_1 的确定，一是承发包双方约定，二是与招标控制价 P_2 相联系，当报价 P_0 与 P_2 的偏差超过 15% 时，P_1 的取值：

1）当 $P_0 < P_2 \cdot (1 - L) \cdot (1 - 15\%)$ 时，$P_1 = P_2 \cdot (1 - L) \cdot (1 - 15\%)$；

2）当 $P_0 > P_2 \cdot (1 + 15\%)$ 时，$P_1 = P_2 \cdot (1 + 15\%)$；

3）当 $P_0 > P_2 \cdot (1 - L) \cdot (1 - 15\%)$ 或 $P_0 < P_2 \cdot (1 + 15\%)$ 时，$P_1 = P_0$。

【典型例题】采用清单计价的某分部分项工程，招标控制的综合单价为 320 元，投标报价的综合单价为 265 元，该工程投标报价下浮率为 5%，结算时，该分部分项工程工程量比清单量增加了 18%，且合同未确定综合单价调整方法，则综合单价的处理方式是（ ）。

    A. 上浮 18%   B. 下调 5%   C. 调整为 292.5 元   D. 可不调整

解答：

工程量增加 18%，超过了增减量幅度 15%，应按新单价 P_1 结算，P_1 的确定：

$\dfrac{265}{320} = 82.8\%$，偏差为 17.2% > 15%

$$320 \times (1-5\%) \times (1-15\%) = 258.4(元)$$

265元 > 258.4元，故综合单价不予调整。

D 选项正确。

六、计日工

《清单规范》规定：承包人完成发包人提出的、合同范围外的零星工作的，按计日工综合单价计价。承包人应在零星工作实施结束后 24 小时内向发包人提交现场签证，发包人 2 天内确认。经双方签认的计日工金额，发包人列入当期工程进度款支付。

七、物价变化

施工合同未约定材料、工程设备价格调整的范围或幅度的，则当材料、工程设备单价变化超过 5%时，超过部分的价格按照价格指数调整法或造价信息差额调整法计算调价。

（一）价格指数调整法

价格调整公式：

$$\Delta P = P_0 \left[A + (B_1 \times \frac{F_{t1}}{F_{01}} + B_2 \times \frac{F_{t2}}{F_{02}} + \cdots\cdots + B_n \times \frac{F_{tn}}{F_{0n}}) - 1 \right]$$

式中：$A + B_1 + B_2 + \cdots\cdots + B_n = 1$；

合同价 P_0——不含各种调价、质保金的收扣、预付款的收扣、变更款、计日工款等；

现行价格指数 F_{t1}、F_{t2}、$\cdots\cdots$、F_{tn}——取约定付款周期最后一天的前 42 天的价格指数。

【典型例题】2014 年 10 月实际完成的某工程，2014 年 6 月签约时的价格为 1000万元，该工程固定系数为 0.2，各参加调值的品种中，除钢材的价格上涨了 10%外其余都未发生变化，钢材占调值部分的 40%。按价格调整公式计算的应调整价格差是多少？

解答：

$$\Delta P = 1000 \times \left[0.2 + (0.8 \times 40\% \times \frac{110}{100} + 0.8 \times 60\% \times \frac{100}{100}) - 1 \right] = 32(万元)$$

注意：钢材占合同价的比重应是 0.8 × 40%，其余项目占合同价的比重是 0.8 × 60%。

（二）造价信息差额调整法

八、暂估价

一经招标确定价格或承包人采购确定价格后，经发包人确认的价款即取代原清单中的暂估价，调整合同价。

九、不可抗力

不可抗力引起的各项经济损失原则上承发包双方"各负其责、各认倒霉"，故发包人承担工程本身的损失、已购材料设备损失、第三方损失、看管现场费用、工程清理修复费，承包人承担人工伤亡及窝工费、机械毁损及窝工费。

十、提前竣工

工程招标时，招标人压缩的工期天数不得超过定额工期 20%；超过了，则在招标文件中明示增加赶工费。

履约时，发包人要求承包人提前竣工的，经承包人同意并修订进度计划后，发包人应承担赶工费用，并支付约定的提前竣工奖。

十一、暂列金

合同价中所含的暂列金由发包人掌握使用，余额归发包人。

1Z103083 工程变更价款的确定

《清单规范》规定：

1）已标价工程量清单中有适用于变更工程项目的，采用该单价；

2）已标价工程量清单中没有适用、但有类似于变更工程项目的，参照该单价；

3）已标价工程量清单中既无适用又无类似于变更工程项目的，承包人按官方发布的信息价格和中标报价浮动率提出单价，经发包人确认后调价。

1Z103084 施工索赔与现场签证

一、施工索赔

（一）费用索赔的成立条件

三要素：正当的索赔理由；有效的索赔证据；遵守合同约定的索赔程序和时间。

（二）承包人费用索赔的程序

1）承包人自索赔事件发生后 28 天内，向发包人提交索赔意向通知书；

2）承包人在发出索赔意向通知书后 28 天内，向发包人提交索赔通知书（费用索赔报审表），说明索赔理由和要求，并附具索赔证据和记录等；

3）若索赔事件有延续性影响的，承包人持续向发包人提交延续索赔意向通知书，待索赔事件影响结束后 28 天内，承包人向发包人提交索赔通知书。

（三）发包人费用索赔

发包人要求承包人赔偿的方式有：延长工程质量缺陷责任期；要求承包人支付发包人实际发生的额外费用；要求承包人按合同约定支付违约金。

（四）承包人费用索赔的组成与计算

承包人索赔费用的组成与建筑安装工程费的组成相似，包括：人工费、材料费（含工程设备费）、施工机具使用费、企业管理费（含延迟付款利息）、利润、规费、税金。

视索赔事件具体情况，人工费索赔款可能是：增加工作内容的人工费、人工窝工费、工效降低增加的人工费等；材料费索赔款可能是：增加材料和工程设备用量费、价格大幅度上涨费、超期存储费等；施工机具使用费索赔款可能是：增加施工机具使用台班费、窝工费（自有机具即折旧费、租赁机具即租金）。

索赔费用的计算方法有：实际费用法、总费用法、修正总费用法。最常用的是实际费用法，即按索赔事件引起的实际损失为索赔值。

二、现场签证

1）承包人在发包人要求实施合同外零星工作的 7 天内提交现场签证；

2）发包人 48 小时内确认，单价按计日工表；

3）发包人签证后，承包人施工；

4）履行后，现场签证费用随当期进度款支付。

1Z103085 合同价款期中支付

一、工程预付款

（一）工程预付款的支付

包工包料的工程，发包人按合同价的 10%~30%预付备料款；重大工程项目，预付款应逐年预付。

合同签订后一个月内或合同开工日前 7 天内，发包人预付工程款。

（二）工程预付款的扣回

1）按合同约定等比率或等额逐月扣回。

2）达到起扣点 T 后逐月扣回：

$$T = P - \frac{M}{N}$$

【典型例题】教材 P285【例 1Z103085-3】

解答：

工程预付款 $= 660 \times 20\% = 132$（万元）

起扣点 $T = 660 - \dfrac{132}{60\%} = 440$（万元）

2月应付工程款 $= 55$ 万元，累计工程款55万元

3月应付工程款 $= 110$ 万元，累计工程款 $55 + 110 = 165$（万元）

4月应付工程款 $= 165$ 万元，累计工程款 $165 + 165 = 330$（万元）

5月：达到起扣点前的工程款 $440 - 330 = 110$（万元），全额支付

达到起扣点后的工程款 $220 - 110 = 110$（万元），应扣回材料费，故仅支付：$110 \times (1 - 60\%) = 44$（万元）

5月应付工程款 $= 110 + 44 = 154$（万元），累计工程款 $330 + 154 = 484$（万元）

6月应付工程款 $= 110 \times (1 - 60\%) = 44$（万元），累计工程款 $484 + 44 = 528$（万元）

显然，开工前预付款132万元 $+$ 累计工程款528万元 $=$ 合同价660万元

注意：教材的答案有错漏。

二、安全文明施工费

工程开工后 28 天内，发包人预付不低于当年安全文明施工费的 60%，其余部分按提前安排的原则分解，与进度款同期支付。若发包人不按时支付，承包人可催告。发包人在付款期满后 7 天内仍未支付的，若发生安全事故，发包人应承担相应责任。

三、进度款

工程计量和付款周期可采用分段或按月结算的方式。

1Z103086 竣工结算与支付

一、竣工结算的程序

工程施工完成并经验收合格后，承包人在合同约定时间内编制竣工结算书，并向发包人提交竣工结算款支付申请，发包人 7 天内核实并签发竣工结算支付证书，之后 14 天内支付。

竣工结算核对完成，承发包双方签字确认后，禁止发包人要求重新核对竣工结算。

发包人未按时支付竣工结算款的，承包人可催告。若达成延期支付协议的，发包人应支付按同期银行同类贷款利率计算的利息；若未达成延期支付协议的，双方可协商将该工程折价或申请人民法院依法拍卖，承包人就折价或拍卖款优先受偿。

二、质量保证金

工程质量缺陷责任期终止后，发包人将剩余的质量保证金返还承包人。

三、最终结清

工程质量缺陷责任期终止后，承包人按合同向发包人提交最终结清支付申请，发包人 14 天内核实并签发最终结清支付证书，之后 14 天内支付。

1Z103090 国际工程投标报价

复习提示：

掌握国际工程投标报价的组成，了解国际工程投标报价的主要技巧。

1Z103091 国际工程投标报价的程序

国际工程包括我国公司去海外参与投资或实施的各项工程,也包括国际组织或国外公司来中国投资和实施的工程。

国际工程投标报价的程序：组织投标报价班子，研究招标文件，进行各项调查研究，标前会议与现场勘察，工程量复核，生产要素与分包工程询价。

1Z103092 国际工程投标报价的组成

总标价＝分项工程合价＋分包工程总价＋暂定金额

式中，分项工程合价含人工费、材料费、施工机具使用费、待摊费、开办费。

分项工程人、料、机费常用的估价方法有：定额估价法、作业估价法、匡算估价法。

待摊费分为现场管理费和其他待摊费。现场管理费是指现场组织施工发生的费用，包括工作人员费、办公费、差旅交通费、文体宣教费、固定资产使用费、劳动保护费、检验试验费等；其他待摊费包括总部管理费、利润、税金、保函手续费、保险费、风险费、贷款利息、经营业务费等。

开办费是指正式开工前的各项现场准备工作所需费用，包括现场勘察费、现场清理费、进场临时道路费、施工用水电费、职工交通费等。开办费也可不单列，而是列入待摊费。

1Z103095 国际工程投标报价的技巧

1）**不平衡报价法**——也称前重后轻法，保持总报价不变，先施工的分项工程调高报价，后施工的分项工程调低报价。

2）**计日工报价**——报高。

3）**多方案报价法**——先按原招标方案报一个价，再针对合同条款不清、技术规范严苛等提出建议，并报一个较低价。

4）**建议方案报价法**——先按原招标方案报一个价，再提出修改设计方案，并报一个较低价。

5）**突然降价法**——在投标截止日前突然降价。

6）**先亏后盈法**——适用于开拓新市场时。

7）**无利润算标法**。

练习题

1Z101000 工程经济

1Z101010 资金时间价值的计算及应用

一、单选题

1. 某公司以单利方式一次性借入资金 2000 万元,借款期限 3 年,年利率 8%,到期一次还本付息,则第 3 年年末应当偿还的本利和为( )万元。

  A. 2160 B. 2240 C. 2480 D. 2519

2. 设银行利率为 6%,按复利计算,若 5 年后想购买一辆价格为 16 万元的设备,现在应存入银行( )元。

  A. 10 B. 12 C. 13 D. 16

3. 某企业年初投资 3000 万元,10 年内等额回收本利,若基准收益率为 8%,则每年年末应回收的资金是( )万元。

  已知:(F/A,8%,10)=14.49,(P/A,8%,10)=6.711,(P/F,8%,10)=2.159。

  A. 324 B. 447 C. 507 D. 648

4. 某施工企业拟对外投资,但希望从现在开始的 5 年内每年年末等额回收本金和利息 200 万元,若按年复利计息,年利率 8%,则企业现在应投资( )万元。已知:(P/F,8%,5)=0.6806,(P/A,8%,5)=3.9927,(F/A,8%,5)=5.8666。

  A. 680.60 B. 798.54 C. 1080.00 D. 1173.32

5. 某施工企业投资 200 万元购入一台施工机械,计划从购买日起的未来 6 年等额收回投资并获取收益。若基准收益率为 10%,复利计息,则每年末应获得的净现金流入为( )万元。

  A. 200×(A/P,10%,6) B. 200×(F/P,10%,6) C. 200×(A/P,10%,7) D. 200×(A/F,10%,7)

6. 若 10 年内,每年年初存款 2000 元,利率为 6%,按复利计,第 10 年年末本利和为( )。

  A. 20000 B. 21200 C. 26360 D. 27942

7. 在资金等值计算中，下列表述正确的是（ ）。

A. P 一定，n 相同，i 越高，F 越大　　B. P 一定，i 相同，n 越长，F 越小　　C. F 一定，i 相同，n 越长，P 越大　　D. F 一定，i 越高，n 相同，P 越大

8. 名义利率为 r，一年中计息周期数为 m，计息周期的有效利率为 r/m，则年有效利率为（ ）。

A. $\left(1+\dfrac{r}{m}\right)^{m}-1$　　B. $\left(1+\dfrac{r}{m}\right)^{m}+1$

C. $\left(1+\dfrac{r}{m}\right)^{m\bullet r}-1$　　D. $\left(1+\dfrac{r}{m}\right)^{r}-1$

9. 若名义利率一定，年有效利率与一年中计息周期数 m 的关系为（ ）。

A. 计息周期增加，年有效利率不变　　B. 计息周期增加，年有效利率减小

C. 计息周期增加，年有效利率增加　　D. 计息周期减小，年有效利率增加

10. 某笔贷款的利息按年利率为 10%，每季度复利计息。其贷款的年有效利率为（ ）。

A. 10.38%　B. 10%　C. 10.46%　D. 10.25%

11. 现存款 1000 元，年利率 12%，按季复利计息，第 2 年年末本利和为（ ）元。

A. 1254　B. 1267　C. 1240　D. 1280

12. 每半年末存款 2000 元，年利率 4%，每季复利计息一次，2 年末存款本利和为（ ）元。

A. 8160.00　B. 8243.22　C. 8244.45　D. 8492.93

二、多选题

1. 影响资金时间价值的因素主要有（ ）。

A. 资金数量的多少　B. 筹集资金的动机　C. 资金周转的速度　D. 资金的使用时间　E. 资金投入和回收的特点

2. 利率是衡量资金时间价值的相对尺度，也是重要的经济杠杆，决定利率高低的因素主要有（ ）。

A. 社会平均利润率的高低　B. 金融市场上借贷资本的供求状况　C. 通货膨胀　D. 资金借出人的预期收益　E. 借出资本的期限长短

3. 以下关于单利和复利计息的说法中，正确的有（ ）。

A. 单利计息，仅考虑最初本金产生的利息，即"利不生利"　B. 单利计息，利息总额与最初本金、利率、计息期数成正比关系　C. 复利计息，以本金和前期利息之和计算后期利息，即"利滚利""息生息"　D. 本金越大、利率越

高、计息周期越多，单利和复利计算的利息总额差距就越大　　E. 复利计息考虑了资金时间价值，单利计息没有考虑资金时间价值

4. 为了正确绘制现金流量图，必须把握好现金流量的（　　）。

A. 大小（金额）　　B. 方向（流出或流入）　　C. 计息方式　　D. 计息期数　　E. 作用点（发生时点）

单选题答案：1-5. CBBBA　　6-10. DAACA　　11-12. BC

多选题答案：1. ACDE　　2. ABCE　　3. ABCD　　4. ABE

1Z101020 技术方案经济效果评价

一、单选题

1. 技术方案计算期由（　　）两个阶段组成。

A. 运营期和投产期　　B. 投产期和达产期　　C. 建设期和投产期　　D. 建设期和运营期

2. 总投资收益率是（　　）与总投资之比。

A. 年净利润　　B. 年税前利润　　C. 年息税前利润　　D. 年息税后利润

3. 某技术方案建设投资为 4500 万元，建设期利息为 500 万元，流动资金为 450 万元，项目投产后正常年份年利润总额为 1200 万元，贷款利息为 100 万元，则该项目正常年份的总投资收益率为（　　）。

A. 26%　　B. 24%　　C. 23.8%　　D. 22%

4. 技术方案资本金净利润率是项目正常年份的（　　）与项目资本金的比率。

A. 利润总额　　B. 利润总额—所得税　　C. 利润总额—贷款利息　　D. 利润总额＋折旧

5. 某技术方案现金流量表的数据如下表所示，该技术方案的投资回收期为(　　)年。

计算期	1	2	3	4	5	6	7
现金流入（万元）			900	1200	1200	1200	1200
现金流出（万元）	800	700	500	600	600	600	600
净现金流量（万元）							
累计净现金流量（万元）							

A. 5.4　　B. 5.0　　C. 4.8　　D. 4.4

6. 某技术方案的现金流量为常规现金流量，当基准收益率为 5%时，净现值为 400 万元。若基准收益率取为 10%，该项目的 *FNPV*（　　）。

A. 大于 400 万元　　B. 小于 400 万元　　C. 等于 400 万元　　D. 不确定

7. 某投资方案的初期投资额为 1500 万元，此后每年年末的净现金流量为 400 万

元，若基准收益率为 15%，寿命期为 15 年，则该方案的净现值为（　　）万元。

    A. 739   B. 839   C. 939   D. 1200

8. 对具有常规现金流量的投资方案，其财务净现值是关于基准收益率的（　　）函数。

    A. 单调递减   B. 单调递增   C. 先递增后递减   D. 先递减后递增

9. 使投资项目财务净现值为零的折现率称为（　　）。

    A. 利息备付率   B. 财务内部收益率   C. 财务净现值率   D. 偿债备付率

10. 对于常规投资方案，若投资项目的 $FNPV（18\%）>0$，则必有（　　）。

    A. $FNPV（20\%）>0$ B. $FIRR>18\%$ C. 静态投资回收期等于方案的计算期   D. 投资收益率 >1

11. 某具有常规现金流量的投资方案，经计算 $FNPV（13\%）=150$，$FNPV（15\%）=-100$，则 $FIRR$ 的取值范围为（　　）。

    A. $<13\%$ B. $13\%\sim14\%$ C. $14\%\sim15\%$ D. $>15\%$

12. 在项目财务评价中，若某一方案可行，则有（　　）。

    A. $P_t<P_c,FNPV>0,FIRR>i_c$ B. $P_t<P_c,FNPV<0,FIRR<i_c$

    C. $P_t>P_c,FNPV>0,FIRR<i_c$ D. $P_t>P_c,FNPV<0,FIRR<i_c$

13. 基准收益率是企业或投资者以动态观点确定的、可接受的投资项目（　　）的收益水平。

    A. 最低标准   B. 较好标准   C. 最高标准   D. 一般标准

14. 借款偿还期，是指根据国家财税规定及投资项目的具体财务条件，以可作为偿还贷款的项目收益来偿还项目投资（　　）所需要的时间。

    A. 借款本金   B. 借款利息   C. 借款本金和利息   D. 借款和自有资金

15. 属于技术方案偿债能力分析的指标是（　　）。

    A. 投资回收期   B. 利息备付率   C. 资本金净利润率   D. 财务净现值

二、多选题

1. 对企业投资的技术方案进行经济评价，必须进行（　　）。

    A. 费用效果分析   B. 生存能力分析   C. 风险分析   D. 偿债能力分析

    E. 盈利能力分析

2. 财务评价中的动态评价指标包括（　　）。

    A. 偿债备付率   B. 财务净现值   C. 投资收益率   D. 静态投资回收期

    E. 财务内部收益率

3. 下列指标中，数值越大说明投资项目经济效益越好的是（　　）。

A. 财务内部收益率　　　B. 投资收益率　　　C. 借款偿还期　　　D. 投资回收期

E. 财务净现值

4. 当财务内部收益率大于基准收益率时，一定有（　　）。

A. 财务净现值小于零　　　B. 财务净现值等于零　　　C. 财务净现值大于零

D. 静态投资回收期短于项目的计算期　　　E. 静态投资回收期长于项目的计算期

5. 对于独立的常规技术方案，下列描述中正确的有（　　）。

A. 财务净现值随折现率的增大而增大　　　B. 财务内部收益率是财务净现值等于零时的折现率　　　C. 财务内部收益率与财务净现值的评价结论是一致的

D. 在某些情况下存在多个财务内部收益率　　　E. 财务内部收益率考虑了项目在整个计算期的经济状况

6. 影响基准收益率取值大小的因素包括（　　）。

A. 资金成本　　　B. 内部收益率　　　C. 机会成本　　　D. 投资风险　　　E. 通货膨胀

7. 下列关于偿债备付率的表述中，正确的有（　　）。

A. 偿债备付率表示可用于还本付息的资金偿还借款本息的保证倍率　　　B. 各年可用于还本付息的资金是指息税前利润　　　C. 偿债备付率适用于那些不预先给定借款偿还期的项目　　　D. 各年可用于还本付息的资金包括在成本中列支的利息费用　　　E. 当期应还本付息的金额包括计入成本费用的利息

单选题答案：1-5. DCCBC　　　6-10. BBABB　　　11-15. CAACB

多选题答案：1. BDE　　2. BE　　3. ABE　　4. CD　　5. BCDE　　6. ACDE

7. ADE

1Z101030 技术方案不确定性分析

一、单选题

1. 盈亏平衡分析中将年度总成本分为固定成本和可变成本，在下列各项中，属于固定成本的是（　　）。

A. 长期借款利息支出　　　B. 原材料费　　　C. 燃料费　　　D. 生产工人工资

2. 某住宅开发项目，市场预测售价为 2300 元/m^2，变动成本为 900 元/m^2，固定成本为 500 万元，综合销售税金为 150 元/m^2。此项目最少应开发（　　）m^2 商品住宅面积才能保本。

A. 6500　　　B. 4000　　　C. 5420　　　D. 4635

3. 某项目设计生产能力为年产 60 万件产品，预计单位产品价格为 100 元，单位产品可变成本为 75 元，年固定成本为 380 万元。若该产品的销售税金及附加的合并税率为 5%，则用生产能力利用率表示的项目盈亏平衡点为（ ）。

    A. 31.67%   B. 30.16%   C. 26.60%   D. 25.33%

4. 盈亏平衡点越（ ），项目投产后盈利的可能性越（ ），抗风险能力越（ ）。

    A. 高，大，弱   B. 高，小，强   C. 低，小，强   D. 低，大，强

5. 进行技术方案敏感性分析时，如果主要分析方案状态和参数变化对投资回收快慢与产品价格波动对方案超额净收益的影响，应选取的分析指标为（ ）。

    A. 财务内部收益率与财务净现值   B. 投资回收期与财务内部收益率

    C. 投资回收期与财务净现值   D. 建设工期与财务净现值

6. 敏感性分析的一般步骤包括：①确定敏感性因素；②确定评价指标；③分析不确定性因素的波动幅度及其对评价指标可能带来的增减变化情况；④选择需要分析的不确定性因素。这些步骤的正确顺序应为（ ）。

    A. ①②③④   B. ②④③①   C. ②①④③   D. ④③②①

7. 现选择将现值作为某项目投资方案的敏感性分析对象，其结果如下图所示。则净现值对 3 种不确定因素Ⅰ、Ⅱ、Ⅲ的敏感性从大到小的排列顺序为（ ）。

    A. Ⅱ—Ⅲ—Ⅰ   B. Ⅰ—Ⅱ—Ⅲ   C. Ⅰ—Ⅲ—Ⅱ   D. Ⅱ—Ⅰ—Ⅲ

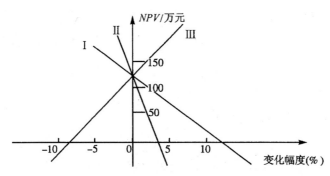

8. 如果某个不确定性因素的变化引起项目的经济效果发生较（ ）幅度的变化，则这个因素是项目的（ ）因素。

    A. 小，敏感   B. 大，非敏感   C. 大，敏感   D. A 选项和 B 选项

9. 在敏感性分析中，可以通过计算（ ）来确定敏感因素。

    A. 不确定因素变化率和敏感度系数   B. 指标变化率和敏感度系数

    C. 敏感度系数和临界点   D. 指标变化率和临界点

二、多选题

1. 不确定性分析的主要工作是（ ）。

    A. 分析项目各种外部条件的变化   B. 测算数据误差对项目经济效果的影响

程度　　C. 分析不确定性因素对经济评价指标的影响　　D. 估计项目对可能出现风险的承受能力　　E. 确定项目在经济上的可靠性

2. 下列有关盈亏平衡分析的说法中，正确的是（　　）。

　　A. 根据生产成本和销售收入与产销量之间是否为线性关系，盈亏平衡分析可分为线性盈亏平衡分析和非线性盈亏平衡分析　　B. 当企业在小于盈亏平衡点的产量下组织生产，则企业盈利　　C. 全部成本可以划分成固定成本和变动成本，贷款利息应视为变动成本　　D. 盈亏平衡分析可计算敏感度系数和临界点　　E. 盈亏平衡分析不能揭示产生项目风险的根源

3. 下列有关敏感性分析的说法中，正确的是（　　）。

　　A. 敏感性分析有助于决策者在缺少资料的情况下，提高决策的准确性

　　B. 敏感性分析可分为单因素敏感性分析和多因素敏感性分析　　C. 需要对每个不确定性因素进行敏感性分析　　D. 敏感因素可通过临界点来判断，临界点是指项目允许不确定因素向有利方向变化的极限值　　E. 敏感性分析不能说明不确定因素发生变化的可能性大小

4. 在进行项目的敏感性分析时，考察的不确定因素通常有（　　）。

　　A. 建设投资　　B. 销售价格　　C. 产品成本　　D. 内部收益率

　　E. 汇率

单选题答案：1-5. ABADC　　　6-9. BACC

多选题答案：1. BCDE　　2. AE　　3. ABE　　4. ABCE

1Z101040 技术方案现金流量表的编制

一、单选题

1. 投资现金流量表是以技术方案的总投资作为计算基础，反映技术方案在整个计算期内现金流入和流出，考察技术方案（　　）。

　　A. 融资前的盈利能力　　B. 融资后的盈利能力　　C. 融资前的偿债能力

　　D. 融资后的偿债能力

2. 在投资现金流量表中，现金流出不包括（　　）。

　　A. 流动资金　　B. 借款偿还　　C. 经营成本　　D. 增值税

3. 某项目投资来源中，项目资本金 2000 万元，借入银行资金 1000 万元，建设期借款利息 200 万元。在编制投资现金流量表时，建设期现金流出的建设投资应为（　　）万元。

　　A. 1200　　B. 2000　　C. 3000　　D. 3200

4. 资本金现金流量表是从（　　）的角度出发，考察投资者权益投资的获利能力。

A. 某投资者　　B. 项目法人　　C. 国家　　D. 项目债权人

5. 在下列各项中，属于资本金现金流量表中现金流出的是（　　）。

A. 折旧费　　B. 摊销费　　C. 应付账款　　D. 所得税

6. 财务计划现金流量表用于计算技术方案的累计盈余资金，分析技术方案的（　　）。

A. 盈利能力　　B. 偿债能力　　C. 财务生存能力　　D. 发展能力

7. 已知某项目年生产成本为 1200 万元，销售费用、管理费用和财务费用合计为生产成本的 20%，固定资产折旧费为 200 万元，摊销费为 80 万元。则该项目年经营成本为（　　）万元。

A. 1720　　B. 1160　　C. 1240　　D. 1480

8. 在项目财务评价中，营业税、增值税、城市维护建设税和教育费附加要从（　　）中扣除。

A. 销售收入　　B. 销售利润　　C. 建设投资　　D. 销售成本

9. 属于项目资本金现金流量表中现金流出构成的是（　　）。

A. 建设投资　　B. 借款本金偿还　　C. 流动资金　　D. 调整所得税

二、多选题

1. 按照评价角度的不同，技术方案现金流量表通常有（　　）。

A. 资本金现金流量表　　B. 投资现金流量表　　C. 企业现金流量表

D. 财务计划现金流量表　　E. 投资各方现金流量表

2. 投资财务现金流量的基本要素包括（　　）。

A. 营业税金及附加　　B. 折旧费　　C. 建设投资　　D. 营业收入

E. 经营成本

3. 通过投资现金流量表，可计算项目的（　　）等评价指标。

A. 偿债倍付率　　B. 财务内部收益率　　C. 财务净现值　　D. 动态投资回收期　　E. 静态投资回收期

4. 技术方案财务现金流量的基本要素包括（　　）。

A. 税金　　B. 折旧费、摊销费　　C. 投资　　D. 销售收入　　E. 经营成本

5. 技术方案经济效果评价中的总投资是（　　）之和。

A. 总成本　　B. 建设投资　　C. 流动资金　　D. 流动资产　　E. 建设期利息

6. 在工程经济分析中，下列各项中属于经营成本的有（　　）。

A. 外购原材料、燃料费　　B. 工资及福利费　　C. 修理费　　D. 折旧费

E. 利息支出

单选题答案：1-5. ABCBD　　6-9. CBAB

多选题答案：1. ABDE　　2. ACDE　　3. BCE　　4. ACDE　　5. BCE　　6. ABC

1Z101050 设备更新分析

一、单选题

1. 下列情况中，（　　）属于第一种无形磨损。

A. 设备在使用过程中，在外力作用下设备实体遭受的磨损、变形、损坏

B. 设备在闲置过程中，受自然力作用二产生的实体磨损　　C. 由于社会劳动生产率水平提高，同类设备再生产价值降低，致使现有设备相对贬值　　D. 出现了性能更好、效率更高的新型设备，使现有设备相对陈旧落后而贬值

2. 某人 5 年前购买了一台台式电脑，目前还可用。由于笔记本电脑的出现，这人想用笔记本电脑更换台式电脑，这台电脑的更新属于（　　）引起的。

A. 第一种无形磨损　　B. 第二种无形磨损　　C. 第一种有形磨损　　D. 第二种有形磨损

3. 家庭的半自动洗衣机，经过多次维修也无法使用，准备购买全自动的新洗衣机，这一措施属于（　　）。

A. 对有形磨损的局部补偿　　B. 对有形磨损的完全补偿　　C. 对无形磨损的局部补偿　　D. 对无形磨损的完全补偿

4. 设备磨损不需要补偿的是（　　）。

A. 第一种有形磨损　　B. 第二种有形磨损　　C. 第一种无形磨损　　D. 第二种无形磨损

5. 某企业在 4 年前花 20000 元购买一台设备，目前账面价值为 5000 元，如现在出售这设备可得 4000 元，还可使用 6 年，6 年末的估计价值为 300 元。案例中沉没成本为（　　）元。

A. 5000　　B. 4000　　C. 1000　　D. 300

6. 不能作为设备更新估算依据的是设备的（　　）寿命。

A. 技术　　B. 经济　　C. 自然　　D. 有效

7. 设备使用年限越长，每年所分摊的（　　）。

A. 资产消耗成本越多，运行成本越少　　B. 资产消耗成本越少，运行成本越少　　C. 资产消耗成本越多，运行成本越多　　D. 资产消耗成本越少，运行成本越多

8. 某设备在不同的使用年限（从 1~7 年）下，平均年度资产消耗成本和各年度运行成本见下表。则该设备的经济寿命为（　　）年。

使用年限	1	2	3	4	5	6	7
平均年度资产消耗成本（万元）	90	50	35	23	20	18	15
年度运行成本（万元）	20	25	30	35	40	45	60

A. 6　　B. 5　　C. 4　　D. 3

9. 某机器原始费用 2000 万元，残值回收为 300 万元，第 1 年运行费为 1000 万元，低劣化值 200 万元，不计利息，这设备的经济寿命约为（　　）年。

A. 5　　B. 4　　C. 3　　D. 2

二、多选题

1. 设备发生了可消除的有形磨损，其补偿方式有（　　）。

A. 大修理　　B. 更新　　C. 现代化改装　　D. 提取折旧　　E. 考虑沉没成本

2. 在对设备更新方案进行比选时，应该遵循的原则是（　　）。

A. 不考虑沉没成本　　B. 必要时考虑沉没成本　　C. 应站在主观的立场分析　　D. 应逐年滚动比较　　E. 应站在客观的立场分析

单选题答案：1-5. CBBCC　　6-9. CDBB

多选题答案：1. AB　　2. ADE

1Z101060 设备租赁与购买方案的比选分析

一、单选题

1. 某租赁公司出租设备的年租金 23.12 万元，租期为 5 年，每年年末支付租金，折现率为 10%，附加率为 4%，这台设备的价格为（　　）万元。

A. 65　　B. 68　　C. 71　　D. 74

2. 某施工企业拟租赁一施工设备，租金按附加率法计算，每年年末支付。已知设备的价格为 95 万元，租期为 6 年，折现率为 8%，附加率为 5%，则该施工企业每年年末应付租金为（　　）万元。

A. 17.89　　B. 20.58　　C. 23.43　　D. 28.18

3. 某租赁公司出租给某企业一台设备，年租金按年金法计算，折现率为 12%，租期为 5 年，设备的价格为 68 万元，承租企业年末支付租金与年初支付租金的租金差值为（　　）万元。

A. 2.00　　B. 2.02　　C. 2.03　　D. 2.04

4. 在进行设备租赁与设备购置的选择时，设备租赁与购置的经济比选是互斥方案的选优问题，寿命期相同时，可以采用（　　）作为比选尺度。

A. 净现值指数　　B. 内部收益率　　C. 投资回收期　　D. 净现值

5. 企业租赁设备与购买设备相比，现金流量的差异是（　　）。

A. 增加销售收入　　B. 增加经营成本　　C. 与销售相关的税金发生改变

D. 所得税发生改变

二、多选题

1. 与设备购买相比，设备租赁的优越性有（　　）。

A. 引进先进设备，加速技术进步　　B. 在企业资金短缺时获得生产急需的设备　　C. 融资租赁合同规定灵活　　D. 设备租金在所得税前抵扣，享受抵税利益　　E. 企业资产负债状况不会恶化

2. 与设备购买相比，设备租赁的不足之处有（　　）。

A. 要常年支付租金，形成了长期负债　　B. 引起企业资产负债状况恶化

C. 融资租赁合同规定严格　　D. 租金总额一般比购买设备的费用要高

E. 租赁期间承租人无权随意处置设备，也不能用于担保、抵押等

3. 设备租赁费用主要包括（　　）。

A. 租金　　B. 担保费　　C. 租赁保证金　　D. 贷款利息　　E. 设备折旧

单选题答案：1-5. BDBDD

多选题答案：1. ABDE　　2. ACDE　　3. ABC

1Z101070　价值工程在工程建设中的应用

一、单选题

1. 价值工程的 3 个基本要素是指（　　）。

A. 生产成本、使用成本和维护成本　　B. 必要功能、生产成本和使用价值

C. 价值、功能和寿命周期成本　　D. 基本功能、辅助功能和必要功能

2. 价值工程中的价值是指功能与成本的比值，其中，成本是指寿命周期成本，即（　　）。

A. 设计成本+使用及维护成本　　B. 设计成本+生产成本　　C. 生产成本+使用及维护成本　　D. 设计成本+生产成本+使用及维护成本

3. 价值工程的核心是（　　）。

A. 有组织的活动　　B. 功能分析　　C. 尽可能降低研究对象成本　　D. 尽可能提高研究对象的价格

4. 一个产品从研制开始，经过设计、生产、销售、使用、维护全过程活动，价值工程的活动侧重于（　　）。

A. 研制、设计阶段　　B. 生产与销售阶段　　C. 使用与维护阶段　　D. 研制、设计、生产、使用阶段

5. 某分项工程施工采用方案 A 的成本为 5 万元，在相同条件下，采用其他方案的

合理成本为 4.5 万元。对方案 A 实施价值工程时，可以认为方案 A 的价值系数为（　　）。

　　A. 0.90　　B. 0.10　　C. 0.53　　D. 1.11

6. 在价值工程活动中，价值指数 V_i 的计算结果不同，采取的改进策略也不同。下列改进策略中正确的是（　　）。

　　A. $V_i<1$ 时，应将评价对象列为改进对象，改善的方向主要是提高功能水平

　　B. $V_i>1$ 时，应将评价对象列为改进对象，改善的方向主要是降低功能水平

　　C. $V_i>1$ 时，应将评价对象列为改进对象，改善的方向主要是增加成本　　D. $V_i=1$ 时，是否将评价对象列为改进对象，应作进一步分析后再确定

7. 某工程由六个分部工程组成，采用价值工程分析得到各分部工程功能指数和成本指数如表所示，则首先应进行价值工程改进的是（　　）。

　　A. 分部二　　B. 分部四　　C. 分部五　　D. 分部六

分部工程	分部一	分部二	分部三	分部四	分部五	分部六
功能系数	0.20	0.30	0.20	0.15	0.10	0.05
成本系数	0.21	0.29	0.19	0.17	0.10	0.04
价值系数						

8. 价值工程中的功能一般是指产品的（　　）。

　　A. 基本功能　　B. 使用功能　　C. 主要功能　　D. 必要功能

二、多选题

1. 价值工程涉及价值、功能和寿命周期成本 3 个基本要素，其特点包括（　　）。

　　A. 价值工程的核心是对产品进行功能分析　　B. 价值工程要求将功能定量化，即将功能转化为能够与成本直接相比的量化值　　C. 价值工程的目标是以最低的生产成本使产品具备其所必须具备的功能　　D. 价值工程是以集体的智慧开展的有计划、有组织的管理活动　　E. 价值工程中的价值是指对象的使用价值，而不是交换价值

2. 在建设工程中运用价值工程时，提高工程价值的途径有（　　）。

　　A. 通过采用新方案，既提高产品功能，又降低成本　　B. 通过设计优化，在成本不变的前提下，提高产品功能　　C. 施工单位通过严格履行合同，提高其社会信誉　　D. 在保证建设工程质量和功能的前提下，通过合理的组织管理措施降低成本　　E. 适量增加成本，大幅度提高项目功能和适用性

3. 对某产品开展价值工程活动，确定为改进对象的功能区一般是（　　）。

　　A. 问题多的功能　　B. 复杂的功能　　C. 价值系数 V 小于 1 的功能

D. 成本降低期望值 ΔC 值大的功能　　E. 寿命周期成本高的功能

单选题答案：1-5. CCBAA　　6-8. ABD

多选题答案：1. ABD　　2. ABDE　　3. ABCD

1Z101080 新技术、新工艺和新材料应用方案的技术经济分析

一、单选题

1. 在新材料应用方案的选择过程中，通常把（　　）作为主要评价原则。

　　A. 技术先进　　B. 技术适用　　C. 技术可靠　　D. 经济合理

2. 某工艺设备原方案的投资额为 10 万元，经营成本为 4.5 万元，新方案的投资额为 14 万元，经营成本为 3 万元，则增量投资收益率为（　　）。

　　A. 26.1%　　B. 26.7%　　C. 37.5%　　D. 23.6%

3. 某企业欲从国外引进甲、乙先进技术，假如两种技术的生产效率相同，引进甲技术的一次性投资为 300 万元，年生产成本为 20 万元；引进乙技术的一次性投资为 400 万元，年生产成本为 10 万元。设基准收益率为 6%，则（　　）。

　　A. 应该引进甲技术　　B. 甲、乙技术经济效益相同　　C. 应该引进乙技术

　　D. 不能判断应该引进哪种技术

4. 某工程钢筋加工有现场制作和外包加工 2 个方案，现场制作方案的固定费用 12 万元，每吨加工费用 150 元；外包加工每吨加工费用 250 元，则仅从经济上考虑时，现场制作方案的实用范围是钢筋总加工量在（　　）。

　　A. 1200 吨以上　　B. 480 吨以下　　C. 480~800 吨　　D. 800~1200 吨

二、多选题

1. 建筑新技术、新工艺和新材料应用方案经济分析常用的静态分析方法有（　　）。

　　A. 增量投资内部收益率法　　B. 增量投资收益率法　　C. 净年值法

　　D. 折算费用法　　E. 综合总费用法

2. 以下关于新技术应用方案的经济分析的说法中，正确的有（　　）。

　　A. 增量投资收益率 $R_{(2-1)} \geq$ 基准投资收益率时，新方案是不可行的　　B. 增量投资收益率 $R_{(2-1)} \geq$ 基准投资收益率时，新方案是可行的　　C. 折算费用法仅适用于多方案有用成果相同时的经济分析　　D. 折算费用法仅适用于多方案有用成果不相同时的经济分析　　E. 折算费用法既适用于多方案有用成果相同时的经济分析，又适用于多方案有用成果不相同时的经济分析

单选题答案：1-4. DCCA

多选题答案：1. BDE　　2. BE

1Z102000 工程财务

IZ102010 财务会计基础

一、单选题

1. 财务会计是以货币计量反映企业已经发生的资金运动，并借助于（　　）向企业外部利益集团提供以财务信息为主的经济信息。

    A. 会计账簿　　B. 财务报表　　C. 财务报告　　D. 财务分析

2. 会计的基本职能是会计核算与会计（　　）。

    A. 分析　　B. 管理　　C. 监督　　D. 控制

3. （　　）是指通过确认、计量、报告，运用一定的方法和程序，利用货币形式从价值量方面反映企业已经发生或完成的客观经济活动情况，为经济管理提供可靠的会计信息。

    A. 会计核算　　B. 会计监督　　C. 财务报表　　D. 财务会计

4. 企业在对会计要素进行计量时，一般应当采用的计量属性是（　　），即资产按照购置时支付的现金或现金等价物的金额，或者按照购置资产时所付出的代价的公允价值计量。

    A. 历史成本　　B. 重置成本　　C. 可变现净值　　D. 公允价值

5. （　　）是会计为之服务的特定单位，是从空间上界定了会计工作的具体核算范围。

    A. 会计主体　　B. 持续经营　　C. 会计分期　　D. 货币计量

6. 会计核算的基础是权责发生制，即凡当期已经实现的收入和已经发生或应当负担的费用，（　　）。

    A. 无论款项是否收付，都应当作为当期的收入和费用，计入资产负债表

    B. 无论款项是否收付，都应当作为当期的收入和费用，计入利润表　　C. 除非款项实际收付，才能作为当期的收入和费用，计入资产负债表　　D. 除非款项实际收付，才能作为当期的收入和费用，计入利润表

7. 以下属于企业资产的是（　　）。

    A. 应付账款　　B. 短期借款　　C. 长期待摊费用　　D. 预收账款

8. 按现行会计制度规定，短期投资属于（　　）。

    A. 流动资产　　B. 无形资产　　C. 其他资产　　D. 流动负债

9. 下列各项中，属于没有实物形态的非货币性长期资产的是（　　）。

    A. 长期投资　　B. 其他资产　　C. 固定资产　　D. 无形资产

10. 按现行会计制度规定，下列各项中不属于企业无形资产的是（　　）。

A. 土地所有权　　B. 非专利技术　　C. 特许营业权　　D. 商誉

11.（　　）是由于过去的交易或事项所形成的现时义务，履行该义务会导致经济利益流出企业。

A. 资产　　B. 负债　　C. 所有者权益　　D. 费用

12. 所有者权益是企业投资者对企业（　　）的所有权，是企业总资产扣减负债后的净额。

A. 资产　　B. 净资产　　C. 负债　　D. 收入

13.2010 年 12 月 31 日企业全部资产 7000 万元，负债 2000 万元，所有者权益是（　　）万元。

A. 9000　　B. 5000　　C. 14000　　D. 4000

14. 某施工企业于 2006 年 9 月 1 日收到投资人投入的原材料一批，合同约定该批材料的价值为 300 万元，则这批材料应作为企业的（　　）处理。

A. 资本公积　　B. 盈余公积　　C. 未分配利润　　D. 实收资本

15. 某施工企业溢价发行股票时，所取得的股票发行收入超过股票价值 1000 万元，该项收入属于企业的（　　）。

A. 资本公积　　B. 实收资产　　C. 盈余公积　　D. 未分配利润

16. 会计核算中，反映财务状况的会计要素由（　　）构成。

A. 收入、费用、利润　　B. 资产、负债、所有者权益　　C. 净资产、负债、所有者权益　　D. 资产、负债、权益

17. 在下列各项中，反映企业一定经营期间经营成果的会计要素有（　　）。

A. 资产　　B. 负债　　C. 所有者权益　　D. 费用

18. 下列各项中，属于流动负债的是（　　）。

A. 短期投资　　B. 预付账款　　C. 应付工资　　D. 长期借款

19. 反映企业一定经营期间经营成果的会计等式是（　　）。

A. 收入—费用＝利润　　B. 资产＝负债＋权益　　C. 资产＝负债＋所有者权益　　D. 资产＝所有者权益

二、多选题

1. 财务会计对外提供企业的会计信息，其主要作用有（　　）。

A. 为企业内部经营管理服务　　B. 是企业的投资者和债权人做出合理决策的重要依据　　C. 为企业责任主体制定工作目标　　D. 是考评企业经营者经营企业资源的责任和绩效的依据　　E. 是国家、政府部门进行宏观经济管理的重要信息来源

2. 会计核算的基本前提包括（　　）。

　　A. 会计主体　　B. 持续经营　　C. 会计分期　　D. 充分揭示　　E. 货币计量

3. 下列各项中，属于企业无形资产的是（　　）。

　　A. 特许营业权　　B. 土地所有权　　C. 非专利技术　　D. 著作权

　　E. 商标权

4. 属于长期负债的有（　　）。

　　A. 长期应付款　　B. 应交税金　　C. 长期投资　　D. 应付债券　　E. 长期借款

5. 固定资产的特点有（　　）。

　　A. 具有不可移动性　　B. 使用期限长　　C. 单位价值较高　　D. 使用过程中价值量基本不变　　E. 使用过程中保持原有实物形态不变

6. 下列各项中，属于企业所有者权益内容的有（　　）。

　　A. 实收资本　　B. 应交住房公积金　　C. 资本公积　　D. 未分配利润

　　E. 盈余公积

单选题答案：1-5. BCAAA　　6-10. BCADA　　11-15. BBBDA　　16-19. BDCA

多选题答案：1. BDE　　2. ABCE　　3. ACDE　　4. ADE　　5. BCE　　6. ACDE

1Z102020 成本与费用

一、单选题

1. 施工企业为生产建筑产品、提供劳务而发生的各种施工生产费用是（　　）。

　　A. 工程成本　　B. 直接费用　　C. 生产费用　　D. 期间费用

2. 在会计核算中，期间费用是指施工企业当期发生的、（　　）的费用，包括管理费用、财务费用。

　　A. 应由几项工程共同负担，分配计入工程成本核算对象　　B. 应当直接计入当期损益　　C. 可直接计入工程成本核算对象　　D. 应当通过分配计入当期损益

3. 下列关于成本和费用的表述中正确的是（　　）。

　　A. 费用是针对一定的期间而言　　B. 费用是针对一定的成本核算对象而言

　　C. 费用是指不能计入成本而应当直接计入当期损益的耗费　　D. 成本是针对一定的期间而言的

4. 施工企业本月购入工程车一辆，按照现行企业财务制度有关规定，该笔购置费用属于企业的（　　）。

A. 收益性支出　　B. 资本性支出　　C. 营业外支出　　D. 利润分配支出

5. 下列支出不属于施工企业营业外支出的是（　　）。

　　A. 罚款、违约支出　　B. 资产评估费　　C. 债务重组损失　　D. 赞助、捐赠支出

6. 某固定资产原值为 80 万元，预计净残值为 8 万元，使用年限为 6 年，采用平均年限法计提折旧，则固定资产月折旧额是（　　）万元。

　　A. 12.0　　B. 13.0　　C. 1.0　　D. 1.1

7. 企业某台设备原价为 100000 元，预计使用年限为 5 年，预计净残值为 5%，按平均年限法计提折旧。设备的年折旧率和年折旧额分别是（　　）。

　　A. 20%，20000　　B. 19%，19000　　C. 19%，20000　　D. 20%，1900

8. 某施工机械预算价格为 40 万元，估计残值率为 3%，折旧年限为 10 年，年工作台班数为 250 台班，则该机械的台班折旧费为（　　）元。

　　A. 19.59　　B. 155.20　　C. 160.00　　D. 164.80

9. 下列折旧方法中，折旧基数随着固定资产的使用年限的变化而不断变化的是（　　）。

　　A. 年数总和法　　B. 工作量法　　C. 双倍余额递减法　　D. 平均年限法

10. 某企业 2002 年 12 月 31 日购入一项固定资产，该固定资产原价为 64000 万元，预计使用年限为 5 年，净残值为 4000 元，按双倍余额递减法计提折旧。该固定资产 2004 年应计提的折旧额是（　　）元。

　　A. 25600　　B. 12000　　C. 15360　　D. 12800

11. 折旧率随着使用年限的变化而变化的固定资产折旧计算方法是（　　）。

　　A. 平均年限法　　B. 双倍余额递减法　　C. 年数总和法　　D. 工作量法

12. 某企业 2001 年 12 月 31 日购入一项固定资产，该固定资产原价为 216 万元，预计使用年限为 5 年，预计净残值为 5 万元，按年数总和法计提折旧。该固定资产 2004 年的年折旧率应为（　　）。

　　A. $3 \div 15 \times 100\%$　　B. $2 \div 15 \times 100\%$　　C. $4 \div 15 \times 100\%$　　D. $1 \div 15 \times 100\%$

13. 工程成本包括从施工合同签订开始至合同完成止所发生的、与执行合同有关的（　　）。

　　A. 间接费用　　B. 资本性支出　　C. 投资性支出　　D. 期间费用

14. 施工企业一般应以每一独立签订施工合同的工程为依据，并结合企业施工组织的特点和加强工程成本管理的要求，来确定（　　）。

　　A. 成本项目　　B. 生产成本　　C. 工程成本核算对象　　D. 建造合同成本

15. 无形资产的价值在一定年限内摊销，其摊销金额计入（　　）。

A. 工程成本　　B. 管理费用　　C. 利润　　D. 利润表

16. 施工企业的管理费用属于（　　）。

A. 生产成本　　B. 直接费用　　C. 间接费用　　D. 期间费用

17. 施工企业为组织和管理施工活动而发生的管理人员工资及福利费属于（　　）。

A. 期间费用　　B. 直接费用　　C. 间接费用　　D. 管理费用

18. 下列各项，属于财务费用的是（　　）。

A. 应付债券　　B. 存货盘亏　　C. 盈余公积　　D. 贷款利息支出

二、多选题

1. 施工企业的工程成本包括（　　）。

A. 生产费用　　B. 营业外支出　　C. 直接费用　　D. 间接费用　　E. 期间费用

2. 以下属于工程成本中的直接费用是有（　　）。

A. 人工费　　B. 材料费　　C. 施工机具使用费　　D. 其他直接费　　E. 间接费用

3. 下列各项，属于工程成本核算对象确定方法的是（　　）。

A. 以工程成本项目确定施工工程成本核算对象　　B. 以单项施工合同作为施工工程成本核算对象　　C. 对合同分立以确定施工工程成本核算对象　　D. 对合同合并以确定施工工程成本核算对象　　E. 以每一独立编制竣工决算的工程作为施工工程成本核算对象

4. 下列各项，属于施工企业期间费用内容的有（　　）。

A. 管理费用　　B. 财务费用　　C. 生产费用　　D. 直接费用　　E. 间接费用

单选题答案：1-5. ABABB　　6-10. CBBCC　　11-15. CAACB　　16-18. DDD

多选题答案：1. CD　　2. ABCD　　3. BCD　　4. AB

1Z102030 收入

一、单选题

1. 狭义上的收入即（　　），是指企业日常经营活动中形成的经济利益的总流入。

A. 营业收入　　B. 投资收益　　C. 补贴收入　　D. 营业外收入

2. 按照施工企业营业的主次分类，施工企业的收入分为主营业务收入和其他业务收入，主营业务收入就是（　　）。

A. 施工合同收入　　B. 销售产品收入　　C. 提供劳务收入　　D. 让渡资产使用权收入

3. 建造合同收入的确认方法主要是完工百分比法，即根据合同（ ）来确认合同收入。

A. 完工进度　　B. 完工产值　　C. 完工成本　　D. 完工作业量

4. 某工程合同总收入 8000 万元，本期末止累计完成工程进度 80%，上年完成工程进度 30%，本期实际收到工程款 3000 万元，按完工百分比法计算当期的合同收入应是（ ）万元。

A. 2400　　B. 3000　　C. 4000　　D. 8000

5. 某跨年度工程，施工合同总收入为 10000 万元，合同预计总成本为 8500 万元，以前年度累计已确定的毛利为 600 万元，当期期末累计完工进度为 80%，当期确认的合同毛利为（ ）万元。

A. 600　　B. 900　　C. 1200　　D. 1500

6. 当施工合同结果不能可靠地估计时，估计合同成本不能收回的，应在发生时立即确认为费用，（ ）。

A. 按已经发生的合同成本金额确认收入　　B. 按完工百分比确认收入

C. 根据技术测量确认收入　　D. 不确认收入

二、多选题

1. 广义上的收入，包括（ ）。

A. 利润　　B. 营业收入　　C. 投资收益　　D. 补贴收入　　E. 营业外收入

2. 建造（施工）合同是一种特殊类型的经济合同，其主要特征表现在（ ）。

A. 针对性强，先有买主，后有标的　　B. 建设周期长　　C. 建造的资产体积大，造价高　　D. 是可撤销合同　　E. 是不可撤销合同

3. 施工企业的施工合同收入包括（ ）。

A. 合同规定的初始收入　　B. 施工过程中合同变更所形成的收入　　C. 费用索赔所形成的收入　　D. 因奖励获得的收入　　E. 出售存货所获得的收入

4. 下列各项，属于建造合同分立必须具备的条件的是（ ）。

A. 每项资产的收入可以单独辨认　　B. 每项资产单独计算利润率　　C. 每项资产的成本可以单独辨认　　D. 每项资产单独进行谈判　　E. 每项资产均有独立的建造计划

5. 施工企业签订的一组施工合同，在同时具备（ ）条件时，会计处理上应合并为一个单项合同。

A. 该组合同按一揽子交易签订　　B. 该组合同总收入能够可靠地计量

C. 该组合同同时履行或依次履行　　D. 与合同相关的经济利益能够流入企业

E. 该组合同中的每项合同实际上已构成一项综合利润率工程的组成部分

单选题答案：1-5. AAACA　　6. D

多选题答案：1. BCDE　　2. ABCE　　3. ABCD　　4. ACDE　　5. ACE

1Z102040 利润和所得税费用

一、单选题

1. 营业利润计算，下列公式正确的是（　　）。

A. 主营业务收入—主营业务成本—管理费用—财务费用　　B. 其他业务收入—其他业务支出—管理费用—财务费用　　C. 营业收入—营业成本—营业税金及附加—管理费用—财务费用　　D. 营业收入—营业成本—营业税金及附加—期间费用＋投资收益

2. 在下列关于施工企业利润总额的公式中，正确的是（　　）。

A. 利润总额＝主营业务利润＋其他业务利润—管理费用—财务费用　　B. 利润总额＝主营业务利润＋其他业务利润　　C. 利润总额＝主营业务利润＋其他业务利润＋投资净收益　　D. 利润总额＝营业利润＋营业外收入—营业外支出

3. 某施工企业在处理一台提前报废的固定资产时，发生净损失 5000 元。这笔费用在会计处理上应计入（　　）。

A. 折旧　　B. 管理费用　　C. 财务费用　　D. 营业外支出

4. 企业对当期可供分配的利润，弥补以前年度亏损后，应当首先（　　）。

A. 支付普通股股利　　B. 提取法定公积金　　C. 提取任意公积金　　D. 提取资本公积

5. 下列各项中，应按照法定比例从企业税后利润中提取的是（　　）。

A. 盈余公积　　B. 任意公积金　　C. 法定公积金　　D. 未分配利润

6. 每年企业按照净利润的 10% 提取法定公积金，当累计法定公积金达到企业注册资本的（　　）以上时可不再提取。

A. 30%　　B. 40%　　C. 50%　　D. 60%

7. 税后利润提取法定公积金后的分配顺序是（　　）。

A. 向投资者分配利润→未分配利润→提取任意公积金　　B. 向投资者分配利润→提取任意公积金→未分配利润　　C. 提取任意公积金→未分配利润→向投资者分配利润　　D. 提取任意公积金→向投资者分配利润→未分配利润

8. 施工企业当年应交所得税 ＝（　　）× 适用所得税率 − 减免税额 − 抵免税额。

A. 营业利润　　B. 利润总额　　C. 收入总额—税法准予扣除项目　　D. 收入—费用

9. 企业发生的公益性捐赠支出，在年度利润总额（　　）以内的部分，准予在计算应纳税所得额时扣除。

A. 10%　　B. 12%　　C. 15%　　D. 20%

10. 企业纳税年度发生的亏损，准予向以后年度结转，用以后年度的所得弥补，但结转年限最长不得超过（　　）年。

A. 2　　B. 3　　C. 5　　D. 6

11. 以下关于企业所得税适用税率的说法中，不正确的是（　　）。

A. 一般企业的所得税税率为 25%　　B. 国家重点扶持的高新技术企业的所得税税率为 20%　　C. 非居民企业的所得税税率为 20%　　D. 符合条件的小型微利企业的所得税税率为 20%

二、多选题

1. 以下属于施工企业营业外收入的有（　　）。

A. 债务重组收益　　B. 处置无形资产净收益　　C. 固定资产盘盈　　D. 接受捐赠　　E. 罚款净收入

2. 以下属于施工企业营业外支出的有（　　）。

A. 债务重组损失　　B. 计提的存货跌价准备　　C. 固定资产盘亏　　D. 捐赠支出　　E. 罚款支出

单选题答案：1-5. DDDBC　　6-10. CDCBC　　11. B

多选题答案：1. BCE　　2. ACDE

1Z102050 企业财务报表

一、单选题

1. 资产负债表是反映企业（　　）的会计报表。

A. 在某一特定日期财务状况　　B. 在一定经营时期内经营成果　　C. 对净利润的分配情况　　D. 一定会计期间现金和现金等价物流入和流出

2. 按现行会计制度有关规定，下列会计报表中属于静态会计报表的是（　　）。

A. 资产负债表　　B. 所有者权益变动表　　C. 现金流量表　　D. 利润表

3. 资产负债表所依据的会计等式是（　　）。

A. 收入—费用=利润　　B. 净利润=利润总额—企业所得税　　C. 资产=负债+所有者权益　　D. 净现金流量=现金流入—现金流出

4. 资产负债表中，左边的资产各报表项目应按（　　）分类分项列示。

A. 收益性由大到小　　　B. 收益性由小到大　　C. 流动性由小到大　　D. 流动性由大到小

5. （　　）是反映企业在一定会计期间经营成果的会计报表。

A. 所有者权益变动表　　B. 资产负债表　　C. 利润表　　D. 现金流量表

6. 企业按多步式利润表计算净利润的正确步骤是（　　）。

A. 计算营业收入→计算营业利润→计算利润总额→计算净利润　　B. 计算营业收入→计算营业成本→计算营业利润→计算利润总额→计算净利润

C. 计算营业利润→计算利润总额→计算净利润　　D. 计算营业利润→计算利润总额→计算净利润→计算未分配利润

7. 编制现金流量表应遵循（　　）原则。

A. 权责发生制　　B. 现金收付实现制　　C. 配比原则　　D. 划分资本性支出与收益性支出

8. 在现金流量表中，以下属于投资活动产生的现金流量的是（　　）。

A. 发行股票　　B. 可转换债券转作实收资本　　C. 赊购材料　　D. 购买国库券

二、多选题

1. 资产负债表的报表项目主要有（　　）。

A. 资产　　B. 负债　　C. 所有者权益　　D. 费用　　E. 收入

2. 所有者权益变动表反映了（　　）的期初和期末余额及其调节情况。

A. 实收资本　　B. 资本公积　　C. 盈余公积　　D. 净利润　　E. 未分配利润

3. 现金流量表是以现金为基础编制的，此处的现金包括（　　）。

A. 库存现金　　B. 银行存款　　C. 可以随时用于支付的银行存款　　D. 现金等价物　　E. 其他货币资金

4. 作为现金等价物的短期投资必须同时满足的条件有（　　）。

A. 期限短，一般 3 个月到期　　B. 期限短，一般 6 个月到期　　C. 价值变动风险小　　D. 易于转换为已知金额的现金　　E. 流动性强

5. 在现金流量表中，属于现金流量的基本内容是（　　）。

A. 筹资活动产生的现金流量　　B. 投资活动产生的现金流量　　C. 经营活动产生的现金流量　　D. 分配活动产生的现金流量　　E. 利润分配的现金流量

6. 在现金流量表中，筹资活动产生的现金流量有（　　）。

A. 处置固定资产收到的现金净额　　B. 对外投资支付的现金　　C. 取得借款所收到的现金　　D. 吸收投资所收到的现金　　E. 收到的税费返还

单选题答案：1-5. AACDC　　6-8. CBD

多选题答案：1. ABC　　2. ABCE　　3. ACDE　　4. ACDE　　5. ABC　　6. CD

1Z102060　财务分析

一、单选题

1. 某施工项目的商品混凝土目标成本是 420000 元（目标产量 500 米³，目标单价 800 元/米³，预计损耗率为 5%），实际成本是 511680 元（实际产量 600 米³，实际单价 820 元/米³，实际损耗率为 4%）。若采用连环替代法进行成本分析（替换的顺序是：产量、单价、损耗率），则由于产量提高增加的成本是（　　）万元。

　　A. 4920　　B. 12600　　C. 84000　　D. 91680

2. 某企业资产总额 1000 万元，其中负债总额 400 万元，流动负债 200 万元，流动资产 300 万元，存货 100 万元，则企业的资产负债率为（　　）。

　　A. 20%　　B. 40%　　C. 60%　　D. 100%

3. 某企业资产总额 1000 万元，其中负债总额 400 万元，流动负债 200 万元，流动资产 300 万元，存货 100 万元，则企业的流动比率为（　　）。

　　A. 200%　　B. 25%　　C. 150%　　D. 100%

4. 某企业资产总额 1000 万元，其中负债总额 400 万元，流动负债 200 万元，流动资产 300 万元，存货 100 万元，则企业的速动比率为（　　）。

　　A. 200%　　B. 150%　　C. 50%　　D. 100%

5. 属于资产管理比率的是（　　）。

　　A. 净资产收益率　　B. 应收账款周转天数　　C. 资本积累率　　D. 速动比率

6. 存货周转率指标的计算公式是（　　）。

　　A. 营业收入÷存货平均余额　　B. 其他业务成本/存货平均余额　　C. 营业成本/存货平均余额　　D. 企业成本、费用、支出总额/存货平均余额

7. 对净资产收益率指标，下列表述错误的是（　　）。

　　A. 该指标反映企业盈利能力，且是一个核心指标　　B. 该指标越高越好，企业净利越多　　C. 该指标反映企业投入费用与产出收益的关系　　D. 该指标的分子是净利润

8. 某企业的税前利润为 500 万元，所得税为 50 万元，平均净资产为 1000 万元，平均总资产为 2000 万元。则企业的净资产收益率为（　　）。

　　A. 50%　　B. 45%　　C. 55%　　D. 25%

9. 总资产报酬率指标中的息税前利润总额是指（　　）。

A. 利润总额＋财务费用　　B. 利润总额—利息支出　　C. 利润总额＋管理费用　　D. 利润总额＋利息支出

10. 杜邦分析的核心指标是（　　）。

A. 净资产收益率　　B. 总资产周转率　　C. 总资产收益率　　D. 销售净利率

二、多选题

1. 总结和评价企业财务状况和经营成果的比率分析法，主要包括（　　）分析等。

A. 偿债能力比率　　B. 资产管理比率　　C. 盈利能力比率　　D. 发展能力比率　　E. 经营能力比率

2. 在下列指标中，属于反映企业偿债能力的指标有（　　）。

A. 资产负债率　　B. 总资产周转率　　C. 流动比率　　D. 资本积累率　　E. 速动比率

3. 对资产负债率指标，下列表述正确的是（　　）。

A. 从债权人角度看，该指标越高越好　　B. 是综合反映企业偿债能力的重要指标　　C. 反映企业经营风险的程度　　D. 该指标反映企业负债总额对资产总额的比率关系　　E. 从所有者和经营者的角度看，该指标越低越好

4. 在下列指标中，反映企业资产管理效率的指标有（　　）。

A. 总资产周转率　　B. 流动资产周转率　　C. 速动比率　　D. 资本积累率　　E. 存货周转率

5. 总资产周转率反映了企业全部资产的利用效率及资产总额的周转速度，其快慢取决于（　　）。

A. 流动资产周转率　　B. 存货周转率　　C. 应收账款周转率　　D. 流动资产占总资产的比重　　E. 速动资产占总资产的比重

6. 在下列指标中，反映企业盈利能力的指标有（　　）。

A. 总资产周转率　　B. 总资产报酬率　　C. 资产负债率　　D. 资本积累率　　E. 净资产收益率

7. 在下列指标中，属于反映企业发展能力的指标有（　　）。

A. 总资产周转率　　B. 资产负债率　　C. 速动比率　　D. 资本积累率　　E. 销售增长率

8. 对资本积累率指标，下列表述正确的是（　　）。

A. 该指标反映了投资者投入企业资本的保全性和增长性　　B. 该指标是企业

当年所有者权益总的增长率,反映所有者权益当年的变动水平　C.该指标为负值,表明资本受到侵蚀、所有者利益受到损害　D.该指标为负值,表明企业市场份额萎缩　E.该指标越高表明企业资本积累多,资本保全性强,应付风险、持续发展能力越强

单选题答案:1-5. CBCDB 　　6-10. CCBDA

多选题答案:1. ABCD 　　2. ACE 　　3. BCD 　　4. ABE 　　5. AD 　　6. BE

7. DE 　　8. ABCE

1Z102070 筹资管理

一、单选题

1. 资金成本率是用相对数表示的资金成本,其公式是:资金成本率=(　　)。

A. 资金占用费÷筹资总额　　B. 筹资费÷资金占用费　　C. 资金占用费÷筹资费　　D. 资金占用费÷(筹资总额-筹资费)

2. 从筹资决策的角度来看,企业力求选择(　　)的筹资方式。

A. 机会成本最低　　B. 机会成本最高　　C. 资金成本最低　　D. 资金成本最高

3. 公司平价发行长期债券融资 2 亿元,筹资费率 1%,债券年利率 5%,期限 3 年,单利计息,到期一次性还本付息,企业所得税率为 25%。这笔债券的资金成本率为(　　)。

A. 3.75%　　B. 3.79%　　C. 5%　　D. 5.05%

4. 某企业账面反映的长期资金 4000 万元,其中优先股 1200 万元,应付长期债券 2800 万元。发行优先股的筹资费费率 3%,年股息率 9%;发行长期债券的票面利率 7%,筹资费费率 5%,企业所得税税率 25%。则该企业的综合资金成本率为(　　)。

A. 7.94%　　B. 7.25%　　C. 6.65%　　D. 5.96%

5. "2/10,1/20,n/30"表示,若在信用期间内超过(　　)天付款,则不享受折扣。

A. 2　　B. 10　　C. 20　　D. 30

6. (　　)是银行对借款企业规定的无担保贷款的最高额度。

A. 信贷限额　　B. 周转信贷　　C. 补偿性余额　　D. 商业信用

7. 银行短期借款信用条件中的补偿性余额条款是指(　　)。

A. 借款人要对贷款限额末使用部分支付补偿费　　B. 借款人在银行中保持按实际借用额的一定比例计算的最低存款余额　　C. 银行如果不能及时向借款人贷款需要向借款人支付补偿金　　D. 借款人如果不能按时还款需要向银行支付补偿金

8. (　　)是银行向企业发放贷款时,先从本金中扣除利息部分,到期时借款企业则要偿还贷款全部本金的一种计息方法。

A. 收款法　　B. 贴现法　　C. 附加率法　　D. 期初付息法

9. 融资租赁的租赁期超过租赁资产（　　）。

A. 经济寿命的 50% 以上　　B. 经济寿命的 75% 以上　　C. 自然寿命的 50%
以上　　D. 自然寿命的 75% 以上

二、多选题

1. 相比长期筹资，短期负债筹资具有（　　）等特点。

A. 筹资速度快　　B. 筹资弹性好　　C. 筹资成本低　　D. 筹资风险低
E. 筹资限制条件多

2. 商业信用是指在商品交易中由于延期付款或预收货款所形成的企业间的借贷关系，其形式有（　　）。

A. 预收账款　　B. 应付账款　　C. 应付票据　　D. 票据贴现　　E. 银行
信用

3. 在下列票据中，属于商业汇票的有（　　）。

A. 支票　　B. 银行本票　　C. 银行汇票　　D. 商业承兑汇票　　E. 银行
承兑汇票

4. 长期筹资是筹集企业可以长期使用的资金，包括（　　）。

A. 流动负债筹资　　B. 长期负债筹资　　C. 负债筹资　　D. 长期股权筹资
E. 未分配利润

5. 长期负债筹资包括（　　）。

A. 长期借款　　B. 长期债券　　C. 融资租赁　　D. 可转换债券　　E. 认
股权证

6. 与负债筹资方式相比，普通股筹资的优点有（　　）。

A. 普通股没有到期日，不需归还　　B. 普通股没有固定的股利负担　　C. 发
行普通股可以增强公司的举债能力　　D. 发行普通股起到对外宣传公司的作
用　　E. 增发普通股不改变原普通股股东对公司的控制权

单选题答案：1-5. DCBCC　　6-9. ABBB

多选题答案：1. ABC　　2. ABC　　3. DE　　4. BD　　5. ABCD　　6. ABCD

1Z102080 流动资产财务管理

一、单选题

1. 最佳现金持有量是（　　）。

A. 机会成本、短缺成本之和最小的现金持有量　　B. 机会成本、管理成本之
和最小的现金持有量　　C. 管理成本、短缺成本之和最小的现金持有量

D. 机会成本、管理成本、短缺成本之和最小的现金持有量

2. 下列关于存货成本说法不正确的是（　　）。

A. 订货成本随订货次数增加而增加　　B. 储存成本与存货数量无关，是一项固定成本　　C. 缺货成本随存货数量减少而可能增加　　D. 购置成本随存货数量增加而增加

3. 某企业所需材料年度采购总量为 45000 千克，材料单价 500 元，一次订货成本 120 元，每千克的年平均储存成本为 1.20 元，该材料的经济采购批量为（　　）千克。

A. 6000　　B. 4500　　C. 3000　　D. 3500

4. 存货管理的 ABC 分析法，应对（　　）的经济批量认真规划，严格控制。

A. A 类存货　　B. B 类存货　　C. C 类存货　　D. A、B、C 类存货

二、多选题

1. 企业持有现金的目的主要是为了满足（　　）。

A. 交易性需要　　B. 预防性需要　　C. 投机性需要　　D. 战略性需要

E. 扩张性需要

2. 下列关于现金成本说法正确的是（　　）。

A. 机会成本随现金持有量增加而增加　　B. 交易成本随现金持有量增加而增加　　C. 短缺成本随现金持有量增加而下降　　D. 管理成本随现金持有量增加而增加　　E. 置存成本随现金持有量增加而减少

3. 应收账款财务管理之一是评价顾客的信用品质，即评价顾客的（　　）等方面。

A. 抵押　　B. 能力　　C. 信用期间　　D. 资本　　E. 现金折扣政策

4. 企业储备存货有关的成本包括（　　）。

A. 取得成本　　B. 储存成本　　C. 机会成本　　D. 管理成本　　E. 缺货成本

单选题答案：1-4. DBCA

多选题答案：1. ABC　　2. AC　　3. ABD　　4. ABE

1Z103000 建设工程估价

1Z103010 建设工程项目总投资

一、单选题

1. 生产性建设工程项目总投资由建设投资和铺底流动资金组成，其中，铺底流动资金一般按（　　）计算。

A. 流动资产的 30%　　B. 流动资金的 30%　　C. 流动资产的 50%　　D. 流

动资金的 50%

2. （　　）占建设工程项目总投资的比例大小，意味着生产技术进步和资本有机构成的程度。

A. 设备购置费　　　B. 设备及工器具购置费　　　C. 建筑安装工程费　　　D. 工程建设其他费用

3. 设备购置费的组成为（　　）。

A. 设备原价＋采购与保管费　　　B. 设备原价＋运费＋装卸费　　　C. 设备原价＋运费＋采购与保管费　　　D. 设备原价＋运杂费

4. 国产标准设备的原价是指（　　）。

A. 批发价　　　B. 带有备件的批发价　　　C. 出产价　　　D. 带有备件的出产价

5. 进口设备的原价是指抵岸价，即（　　）。

A. 进口设备抵达买方边境港口或边境车站的价格　　　B. 进口设备抵达买方边境港口或边境车站，且交完关税以后的价格　　　C. 进口设备抵达工地仓库的价格　　　D. 进口设备抵达工地仓库的价格，及采购与仓库保管费、供销部门手续费等

6. 进口设备的到岸价＝（　　）。

A. 进口设备货价　　　B. 离岸价＋国外运费　　　C. 离岸价＋国外运费＋国外运输保险费　　　D. 离岸价＋国外运费＋国外运输保险费＋进口关税

7. 某项目进口一批工艺设备，离岸价（FOB 价）为 650 万元，到岸价（CIF 价）为 830 万元，银行财务费率为 0.5%，外贸手续费为 1.5%万元，关税税率为 20%，增值税税率为 17%。该批设备无消费税、海关监管手续费，则该批设备的抵岸价为（　　）万元。

A. 1181.02　　　B. 998.32　　　C. 1001.02　　　D. 1178.10

8. 以下不属于工程建设其他费用的是（　　）。

A. 土地使用费　　　B. 与项目建设有关的费用　　　C. 建设期利息　　　D. 与未来企业生产和经营活动有关的费用

9. 以下关于联合试运转费的说法中，不正确的是（　　）。

A. 联合试运转费属于"工程建设其他费用"中的"与未来企业生产和经营活动有关的费用"　　　B. 联合试运转费不包括应由设备安装工程费用开支的调试及试车费用　　　C. 不发生试运转或试运转收入不低于试运转费用支出的工程，不列联合试运转费　　　D. 联合试运转费包括生产准备费、办公和生活家居购置费

10. 涨价预备费的计算基数是（　　）。

A. 设备及工器具购置费　　　B. 建筑安装工程费　　　C. 工程费用　　　D. 工程

造价

11. 某工程的设备及工器具购置费为 1000 万元，建筑安装工程费为 1300 万元，工程建设其他费为 600 万元，基本预备费费率为 5%，该项目的基本预备费为（　　）万元。

A. 80　　B. 95　　C. 115　　D. 145

12. 某项目的静态投资为 3750 万元，按进度计划，项目建设期为两年，两年的投资分年使用，第 1 年为 40%，第 2 年为 60%，建设期内平均价格变动率预测为 6%。该项目的涨价预备费为（　　）万元。

A. 368.1　　B. 360　　C. 267.5　　D. 370

13. 某新建项目，建设期为 3 年，在建设期第 1 年贷款 300 万元，第 2 年 400 万元，贷款年利率为 10%，各年贷款均在每年的年中支用。该项目的建设期利息为（　　）万元。

A. 66.5　　B. 143.15　　C. 51.5　　D. 76.65

二、多选题

1. 建设投资可以分为静态投资部分和动态投资部分，其中，静态投资部分由（　　）构成。

A. 建筑安装工程费　　B. 设备及工器具购置费　　C. 工程建设其他费

D. 涨价预备费　　E. 建设期利息

2. 取得国有土地使用费包括（　　）。

A. 土地补偿费　　B. 土地使用权出让金　　C. 城市建设配套费　　D. 房屋征收与补偿费　　E. 耕地占用税

3. "工程建设其他费用"中的"与项目建设有关的费用"包括（　　）。

A. 土地使用费　　B. 建设管理费　　C. 环境影响评价费　　D. 联合试运转费　　E. 工程保险费

4. 基本预备费又称不可预见费，其计算基数包括（　　）。

A. 设备及工器具购置费　　B. 建设期利息　　C. 建筑安装工程费　　D. 铺底流动资金　　E. 工程建设其他费

单选题答案：1-5. BBDDB　　6-10. CACDC　　11-13. DAB

多选题答案：1. ABC　　2. BCD　　3. BCE　　4. ACE

1Z103020 建筑安装工程费用项目的组成与计算

一、单选题

1. 人工费是指按工资总额构成规定，支付给从事建筑安装工程施工的生产工人和附属生产单位工人的各项费用，内容包括：计时工资或计件工资、奖金、津贴补贴、加班加点工资、（　　）。

A. 劳动保护费　　B. 职工福利费　　C. 辅助工资　　D. 特殊情况下支付的

工资

2. 施工生产工人或施工企业附属单位生产工人因病、工伤、定期休假、停工学习等原因按正常工资标准的一定比例支付的工资，属于（　　）。

　　A. 人工费　　B. 规费　　C. 施工机械使用费　　D. 企业管理费

3. 材料费是指施工过程中耗费的原材料、辅助材料、构配件、零件、半成品或成品、（　　）的费用。

　　A. 施工机械　　B. 仪器仪表　　C. 机电设备　　D. 工程设备

4. 构成永久工程一部分的机电设备、金属结构设备、仪器装置及其他类似设备和装置等费用，属于（　　）。

　　A. 材料费　　B. 施工机械使用费　　C. 仪器仪表使用费　　D. 施工机具使用费

5. （　　）是指施工作业所发生的施工机械、仪器仪表使用费或其租赁费。

　　A. 施工机械使用费　　B. 仪器仪表使用费　　C. 施工机具使用费　　D. 措施项目费

6. 检验试验费是指施工企业对建筑及材料/构件和建筑安装物进行一般鉴定、检查所发生的费用，包括自设实验室进行试验所耗用的材料等费用，属于（　　）。

　　A. 分部分项费　　B. 措施项目费　　C. 企业管理费　　D. 材料费

7. 下列费用中，应计入分部分项工程费的是（　　）。

　　A. 安全文明施工费　　B. 总承包服务费　　C. 施工机具使用费　　D. 脚手架工程费

8. 大型施工机械设备由一个施工地点运至另一个施工地点所发生的运输费，在施工现场进行安装和拆卸所需的人工费、材料费、机械费等属于（　　）。

　　A. 分部分项工程费　　B. 措施费　　C. 企业管理费　　D. 施工机械使用费

9. 暂列金额是指建设单位在工程量清单中暂定并包括在工程合同价款中的一笔款项，属于（　　）。

　　A. 分部分项费　　B. 措施项目费　　C. 其他项目费　　D. 规费

10. 工程造价管理机构确定建筑行业普工、一般技工、高级技工的最低日工资单价分别不得低于（　　）的1.3倍、2倍、3倍。

　　A. 建筑施工企业所在地当地最低工资标准　　B. 工程项目所在地当地最低工资标准　　C. 全国各地平均最低工资标准　　D. 全国各行业平均最低工资标准

11. 工程造价管理机构在确定计价定额中的利润时，可按税前建筑安装工程费的

（   ）费率计算。

    A. 不低于 3%且不高于 5%　　B. 不高于 7%　　C. 不低于 3%且不高于 7%

    D. 不低于 5%且不高于 7%

二、多选题

1. 建筑安装工程费按照费用构成要素划分，由人工费、材料费、利润、（   ）组成。

    A. 施工机具使用费　　B. 措施项目费　　C. 企业管理费　　D. 规费

    E. 税金

2. 人工费包括特殊情况下支付的工资，具体有（   ）等原因按计时工资标准或计件工资标准的一定比例支付的工资。

    A. 因病、工伤　　B. 探亲假、定期休假　　C. 法定节假日加班　　D. 高空作业　　E. 停工学习

3. 材料费是指施工过程中耗费的原材料、辅助材料、构配件、零件、半成品或成品、工程设备的费用，内容包括（   ）。

    A. 材料原价　　B. 运杂费　　C. 运输损耗费　　D. 采购及保管费

    E. 检验试验费

4. 企业管理费是指建筑安装企业组织施工生产和经营管理所需的费用，内容包括管理人员工资、办公费、差旅交通费、（   ）等。

    A. 劳动保护费　　B. 劳动保险和职工福利费　　C. 仪器仪表使用费

    D. 工伤保险费　　E. 财产保险费

5. 企业管理费是指建筑安装企业组织施工生产和经营管理所需的费用，具体包括（   ）。

    A. 业务招待费　　B. 投标费　　C. 生育保险费　　D. 绿化费　　E. 工程排污费

6. 建筑安装工程费中的规费具体包括（   ）。

    A. 劳动保险费　　B. 社会保险费　　C. 住房公积金　　D. 工程排污费

    E. 工程定位复测费

7. 规费中的社会保险费具体包括（   ）。

    A. 劳动保险费　　B. 工伤保险费　　C. 意外伤害保险费　　D. 生育保险费

    E. 医疗保险费

8. 建筑安装工程费按照工程造价形成由（   ）、税金组成。

    A. 分部分项工程费　　B. 措施项目费　　C. 企业管理费　　D. 其他项目费

    E. 规费

9. 措施项目费中的安全文明施工费具体包括（　　）。

　　A. 安全施工费　　　B. 文明施工费　　　C. 环境保护费　　　D. 工程定位复测费

　　E. 临时设施费

10. 其他项目费具体包括（　　）。

　　A. 暂列金额　　　B. 工程定位复测费　　　C. 计日工　　　D. 总承包服务费

　　E. 特殊地区施工增加费

11. 计算企业管理费时的计算基础有（　　）。

　　A. 分部分项工程费　　　B. 分部分项工程费和措施费合计　　　C. 人工费

　　D. 人工费和机械费合计　　　E. 人工费、材料费和机械费合计

12. 分部分项工程费的综合单价包括人工费、材料费、施工机具使用费、（　　）。

　　A. 企业管理费　　　B. 利润　　　C. 规费　　　D. 税金　　　E. 一定范围的风险费用

　　单选题答案：1-5. DADAC　　　6-10. CCBCB　　　11. D

　　多选题答案：1. ACDE　　　2. ABE　　　3. ABCD　　　4. ABE　　　5. ABD　　　6. BCD

　　7. BDE　　　8. ABDE　　　9. ABCE　　　10. ACD　　　11. ACD　　　12. ABE

1Z103030　建设工程定额

一、单选题

1. 以建筑物或构筑物各个分部分项工程为对象编制的定额是（　　）。

　　A. 施工定额　　　B. 材料消耗定额　　　C. 预算定额　　　D. 概算定额

2. 在项目建议书和可行性研究阶段编制建设项目投资估算时，可以依据（　　）。

　　A. 概算定额　　　B. 预算定额　　　C. 投资估算指标　　　D. 概算指标

3. 关于施工定额的说法，正确的是（　　）。

　　A. 施工定额是以分项工程为对象编制的定额　　　B. 施工定额由劳动定额、材料消耗定额、施工机械台班消耗定额组成　　　C. 施工定额广泛适用于施工企业项目管理，具有一定的社会性　　　D. 施工定额由行业建设行政主管部门组织有一定水平的专家编制

4. 下列定额中，属于企业定额性质的是（　　）。

　　A. 施工定额　　　B. 预算定额　　　C. 概算定额　　　D. 概算指标

5. 生产某产品的工人小组由3人组成，其时间定额为0.65工日/m^2，则其产量定额为（　　）。

　　A. 0.51m^3/工日　　　B. 1.54m^3/工日　　　C. 1.95m^3/工日　　　D. 4.62m^3/工日

6. 编制人工定额时，应计入定额时间的是（　　）。

A. 工人在工作时间内聊天时间　　B. 工人午饭后迟到时间　　C. 材料供应中断造成的停工时间　　D. 工作结束后的整理工作时间

7. 在工人工作时间消耗的分类中，必须消耗的工作时间不应包括（　　）。

A. 有效工作时间　　B. 休息时间　　C. 不可避免中断时间　　D. 偶然工作时间

8. 编制标准砖砌体材料消耗定额时，砖的消耗量应按（　　）确定。

A. 净用量　　B. 净用量加损耗量　　C. 一次损耗量　　D. 损耗量加补损量

9. 主材、辅材、零星材料等材料消耗定额中的损耗量是指（　　）。

A. 材料在运输过程中不可避免的废料和损耗　　B. 材料在施工操作过程中不可避免的废料和损耗　　C. 材料在施工现场内运输及操作过程中不可避免的废料和损耗　　D. 材料在施工现场外运输及操作过程中不可避免的废料和损耗

10. 材料定额中周转材料的消耗量指标，应当使用（　　）。

A. 净用量、损耗量　　B. 净用量、损耗率　　C. 一次使用量、摊销量　　D. 一次使用量、摊销率

11. 编制施工机械台班使用定额时，属于机械工作时间中必须消耗时间的是（　　）。

A. 施工本身原因造成的停工时间　　B. 低负荷下的工作时间　　C. 违反劳动纪律引起的时间损失　　D. 工人休息时间

12. 施工作业过程中，筑路机在工作区末端掉头消耗的时间应计入施工机械台班使用定额，其时间消耗的性质是（　　）。

A. 不可避免的停工时间　　B. 不可避免的中断工作时间　　C. 不可避免的无负荷工作时间　　D. 正常负荷下的工作时间

13. 砂浆搅拌机工作时，由于工人没有及时供料而使机械空转的时间属于机械工作时间消耗中的（　　）。

A. 有效工作时间　　B. 非施工本身造成的停工时间　　C. 多余工作时间　　D. 低负荷下工作时间

14. 某施工机械的时间定额为 0.391 台班/100m^3，与之配合的工人小组有 4 人，则该机械的产量定额为（　　）m^3/台班。

A. 0.64　　B. 2.56　　C. 64　　D. 256

15. 某斗容量 1m^3 正铲挖掘机，机械台班产量为 476m^3，机械利用系数 0.85，则它在正常工作条件下，净工作生产率为（　　）m^3。

A. 47　　B. 51　　C. 56　　D. 70

16. 编制预算定额人工消耗量时，人工幅度差用工是施工定额的人工定额中未包括的，而在一般正常施工情况下又不可避免的一些（   ）。

    A. 返工用工   B. 低效率用工   C. 用工浪费   D. 零星用工

17. 单位估价表是指计算拟订（   ）中每一个分部分项工程单价构成的单价表，具体形式有工料单价单位估价表和综合单价单位估价表。

    A. 施工定额   B. 预算定额   C. 概算定额   D. 概算指标

18. （   ）是以整个构筑物为对象、以更为扩大的计量单位来编制的，是编制初步设计概算的依据。

    A. 施工定额   B. 预算定额   C. 概算定额   D. 概算指标

二、多选题

1. 关于施工定额作用的说法，正确的有（   ）。

    A. 施工定额不仅反映施工企业的技术水平，也反映了施工企业的管理水平

    B. 施工定额属于企业定额的性质   C. 施工定额是编制施工预算的依据

    D. 施工定额是工程建设定额中分项最细、定额子目最多的一种定额   E. 施工定额是编制竣工结算的依据

2. 在正常施工条件下生产工人进行施工作业的定额时间包括（   ）。

    A. 基本工作时间   B. 休息时间   C. 停工时间   D. 准备与结束时间

    E. 辅助工作时间

3. 以下说法正确的是（   ）。

    A. 一工日按9小时计算   B. 企业定额代表企业的技术水平和管理水平

    C. 人工定额可分为时间定额和产量定额   D. 时间定额与产量定额互为倒数

    E. 概算定额是在项目建议书、可行性研究阶段编制建设项目投资估算的主要依据

4. 人工定额的制定方法有（   ）。

    A. 技术测定法   B. 统计分析法   C. 比较类推法   D. 经验估计法

    E. 理论计算法

5. 材料消耗定额是在合理和节约使用材料的条件下，生产单位合格产品所必须消耗的资源的数量标准，包括（   ）。

    A. 在运往工地过程中材料的损耗量   B. 直接使用在工程实体上的材料的净用量   C. 在施工操作过程中不可避免的材料损耗量   D. 在施工现场的材料报废量   E. 在施工现场运输过程中不可避免的材料损耗量

6. 编制材料消耗定额时，材料净用量的确定方法有（   ）。

A. 理论计算法　　 B. 图纸计算法　　 C. 比较类推法　　 D. 测定法

A. 经验法

7. 在制定材料消耗定额时，下列（　　）方法可以用来确定材料损耗率。

A. 理论计算法　　 B. 测定法　　 C. 经验法　　 D. 观察法　　 E. 统计法

8. 编制机械台班使用定额时，机械工程必须消耗的时间包括（　　）。

A. 不可避免的中断时间　　 B. 不可避免的无负荷工作时间　　 C. 有效工作时间　　 D. 低负荷下工作时间　　 E. 由于劳动组织不当引起的中断时间

9. 企业定额是完成单位合格产品所必需的人工、材料和施工机械台班消耗量，及其他生产经营要素的消耗量标准，其作用是施工企业（　　）的依据。

A. 编制施工预算　　 B. 确定施工成本　　 C. 确定投标报价　　 D. 编制施工组织设计　　 E. 计算工人劳动报酬

单选题答案：1-5. CCBAB　　　6-10. DDBCC　　　11-15. DCCDD　　　16-18. DBD

多选题答案：1. ABCD　　 2. ABDE　　 3. BCD　　 4. ABCD　　 5. BCE

6. ABDE　　 7. DE　　 8. ABC　　 9. BCD

1Z103040　建设工程项目设计概算

一、单选题

1.（　　）是设计文件的重要组成部分，由设计单位负责编制，一般分为单位工程概算、单项工程综合概算、建设工程项目总概算 3 级。

A. 投资估算　　 B. 设计概算　　 C. 施工图预算　　 D. 施工预算

2. 单位工程概算只包括单位工程的工程费用，由（　　）组成。

A. 人工费、材料费、施工机具使用费　　 B. 人工费、材料费、施工机具使用费、企业管理费、规费　　 C. 人工费、材料费、施工机具使用费、企业管理费、利润、规费、税金　　 D. 人工费、材料费、施工机具使用费、企业管理费、利润、规费、税金、工程建设其他费用

3. 对于施工期限较长的大中型建设工程项目，可以根据批准的建设计划、初步设计和（　　）确定工程项目的总承包价，采用工程总承包的方式进行建设。

A. 施工组织设计　　 B. 合同文件　　 C. 总概算文件　　 D. 施工图设计

4. 某工程已有详细的设计图纸，建筑结构非常明确，采用的技术很成熟，则编制该单位建筑工程概算精度最高的方法是（　　）。

A. 概算定额法　　 B. 概算指标法　　 C. 类似工程预算法　　 D. 修正的概算指标法

5. 若初步设计有详细的设备清单，则可用于编制设备安装工程概算且精确性最高

的方法是（　　）。

    A. 预算单价法　　　B. 扩大单价法　　　C. 概算指标法　　　D. 类似工程预算法

6. 某建设项目订购了 50 吨的国产非标准设备，订货价格为 50000 元/吨，已知设备运杂费率为 8%，设备安装费率为 20%，依概算指标法，该项目的设备安装工程概算价值为（　　）万元。

    A. 4　　　B. 50　　　C. 54　　　D. 324

7. 当建设工程项目只有一个单项工程时，单项工程综合概算实为总概算，不仅包括单位建筑工程概算、单位设备及安装工程概算，还应包括（　　）。

    A. 工程建设其他费用概算　　　B. 工程建设其他费用概算、预备费概算

    C. 工程建设其他费用概算、建设期利息概算　　　D. 工程建设其他费用概算、预备费概算、建设期利息概算

二、多选题

1. 建设工程项目总概算是由（　　）等汇总编制而成。

    A. 各单项工程综合概算　　　B. 工程建设其他费用概算　　　C. 建设期利息概算　　　D. 经营性项目流动资金概算　　　E. 预备费概算

2. 设备及安装工程概算一般包括（　　）。

    A. 机械设备及安装工程概算　　　B. 电气设备及安装工程概算　　　C. 热力设备及安装工程概算　　　D. 特殊构筑物工程概算　　　E. 工器具及生产家具购置费概算

3. 单位建筑工程概算的编制方法有（　　）。

    A. 概算定额法　　　B. 概算指标法　　　C. 预算单价法　　　D. 扩大单价法　　　E. 类似工程预算法

4. 设计概算的审查方法有（　　）。

    A. 对比分析法　　　B. 筛选审查法　　　C. 查询核实法　　　D. 重点审查法　　　E. 联合会审法

单选题答案：1-5. BCCAA　　　6-7. BD

多选题答案：1. ABCE　　　2. ABCE　　　3. ABE　　　4. ACE

1Z103050 建设工程项目施工图预算

一、单选题

1. 按照预算造价的计算方式和管理方式的不同，（　　）划分为传统计价模式和工程量清单计价模式两种。

    A. 投资估算　　　B. 设计概算　　　C. 施工图预算　　　D. 施工预算

2. 用事先编制好的分项工程的单位估价表来编制施工图预算的方法，是（　）。

　　A. 单价法　　B. 定额单价法　　C. 工程量清单单价法　　D. 实物量法

3. （　）编制施工图预算时所用人工、材料、机械台班的单价都是工程项目当时当地的实际价格，编制出的预算较准确，适用于市场经济条件波动较大的情况。

　　A. 单价法　　B. 定额单价法　　C. 工程量清单单价法　　D. 实物量法

4. 采用定额单价法和实物量法编制施工图预算的区别主要在于（　）。

　　A. 计算工程量的方法不同　　B. 计算人工费、材料费、机械费的方法不同

　　C. 计算企业管理费、规费的方法不同　　D. 计算利润、税金的程序不同

5. 施工图预算审查的方法中，审查质量高、效果好，但工作量大、时间较长的方法是（　）。

　　A. 标准预算审查法　　B. 分组计算审查法　　C. 全面审查法（逐项审查法）　　D. 重点审查法

6. 拟建工程与已完或在建工程预算采用同一施工图，但基础部分和现场施工条件不同，则对于相同部分的施工图预算，可采用的审查方法是（　）。

　　A. 重点审查法　　B. 筛选审查法　　C. 逐项审查法　　D. 对比审查法

二、多选题

1. 施工图预算对施工单位的作用主要有（　）。

　　A. 是编制工程量清单的依据　　B. 是进行施工准备的依据　　C. 是确定招投报标的依据　　D. 是控制施工成本的依据　　E. 是施工期间安排建设资金计划的依据

2. 施工图预算由总预算、单项工程综合预算和单位工程预算组成，其中，单位工程预算的编制方法有（　）。

　　A. 定额单价法　　B. 工程量清单单价法　　C. 概算单价法　　D. 实物量法　　E. 扩大单价法

3. 在审查施工图预算时，相比全面审查法（逐项审查法），分组计算审查法具有的优点是（　）。

　　A. 审查速度快　　B. 审查效果好　　C. 审查全面　　D. 工作量小　　E. 审查范围厂

单选题答案：1-5. CBDBC　　6. D

多选题答案：1. BCD　　2. ABD　　3. AD

1Z103060 工程量清单编制

一、单选题

1. 根据《建设工程工程量清单计价规范》GB 50500—2013，以下说法中不正确的是（   ）。

A. 工程量清单计价是一种主要由市场定价的计价模式　　B. 非国有资金投资的建设工程，不采用工程量清单计价的，即可完全不执行该规范　　C. 国有资金投资的建设工程，必须采用工程量清单计价，且应采用综合单价计价

D. 招标人提供的分部分项工程净量应根据该规范规定的清单工程量计算规则进行计算

2. 根据《建设工程工程量清单计价规范》GB 50500—2013，分部分项工程项目清单中项目编码的第四级（第 7、8、9 位编码）为（   ）。

A. 工程分类顺序码　　B. 分部工程顺序码　　C. 分项工程顺序码　　D. 工程量清单项目顺序码

3. 某建设工程采用工程量清单计价方式计价，施工合同中约定：基础工程 C25 商品混凝土分项工程的工程量为 $300m^3$，单价 550 元/m^3。该工程量是（   ）的。

A. 设计单位提供的工程量　　B. 招标人提供的工程净量　　C. 投标人测算的施工作业量　　D. 招标人和中标人协商确定的工程量

4. 应根据拟建工程的实际情况列项，并参考拟建工程常规施工组织设计、常规施工技术方案等编制的清单是（   ）。

A. 分部分项工程项目清单　　B. 措施项目清单　　C. 规费项目清单

D. 税金项目清单

5. 其他项目清单中的计日工是为了解决（   ）的计价而设立的，编制时，计日工表中的人工应按工种，材料和机械应按规格、型号详细列项。

A. 签订施工合同时尚未确定的或不可预见的费用　　B. 招标人提供的暂估的材料、设备款、专业工程金额等　　C. 施工合同约定之外、现场发生的零星工作　　D. 施工总承包对业主指定分包、业主采购的管理

二、多选题

1. 建设工程工程量清单的主要作用有（   ）。

A. 为投标竞争提供一个平等和共同的基础　　B. 为控制施工图设计提供依据

C. 为施工招投标计价提供依据　　D. 为工程进度款支付提供依据　　E. 为工程索赔提供依据

2. 根据《建设工程工程量清单计价规范》GB 50500—2013，工程量清单由分部分

项工程项目清单、措施项目清单及（　　）清单组成。

    A. 暂估价项目　　B. 企业管理费项目　　C. 其他项目　　D. 规费项目

    E. 税金项目

3. 根据《建设工程工程量清单计价规范》GB 50500—2013，分部分项工程项目清单包括（　　）。

    A. 项目编码　　B. 项目名称　　C. 项目特征　　D. 工程净量　　E. 工程量计算规则

4. 分部分项工程项目清单中的项目特征描述了分部分项工程自身价值的本质特征，其重要意义在于（　　）。

    A. 是区分清单项目的依据　　B. 是确定不可预见费的依据　　C. 是投标人确定综合单价的重要依据　　D. 是现场零星工作计价的依据　　E. 是履行施工合同义务的基础

5. 根据《建设工程工程量清单计价规范》GB 50500—2013，其他项目清单包括（　　）。

    A. 暂列金额　　B. 预备金　　C. 暂估价　　D. 总承包服务费　　E. 计日工

6. 根据《建设工程工程量清单计价规范》GB 50500—2013，在其他项目清单中列项总承包服务费的前提是（　　）。

    A. 施工总承包自行分包　　B. 业主指定分包　　C. 施工总承包采购材料、设备等　　D. 业主自行采购材料、设备等　　E. 施工任务平行发包

7. 根据《建设工程工程量清单计价规范》GB 50500—2013，税金项目清单应包括（　　）。

    A. 营业税　　B. 增值税　　C. 城市建设维护税　　D. 地方教育附加

    E. 教育费附加

单选题答案：1-5. BCBBC

多选题答案：1. ACDE　　2. CDE　　3. ABCD　　4. ACE　　5. ACDE　　6. BD
7. ACDE

1Z103070 工程量清单计价

一、单选题

1. 根据《建设工程工程量清单计价规范》GB 50500—2013，招标人编制的分部分项工程量清单，其工程数量是按照（　　）计算的。

    A. 设计文件图示尺寸和《建设工程工程量清单计价规范》规定的工程量计算规则计算得到的工程量净值　　B. 设计文件结合不同施工方案确定的工程量平

均值　　C. 工程实体量和损耗量之和　　D. 实际施工完成的全部工程量

2. 根据《建设工程工程量清单计价规范》GB 50500—2013,关于工程计量的说法,正确的是（　　）。

A. 发包人应在收到承包人已完成工程量报告后 14 天核实　　B. 总价合同的工程量必须以原始的施工图纸为依据计量　　C. 所有工程内容必须按月计量　　D. 单价合同的结算工程量必须以承包人完成合同工程应予计量的工程量确定

3. 根据《建设工程工程量清单计价规范》GB 50500—2013 计价的某土方工程,业主方提供的清单工程量为 $3951m^3$。施工企业预计的实际施工量为 $7902m^3$,预计完成该分项工程的人工费为 78905 元,材料费为 10789 元,施工机具使用费为 25571 元,措施项目费为 11470 元,企业管理费为 39190 元,利润为 9221 元,规费为 4630 元,税金为 5857 元,风险费为 4398 元。则该分项工程的综合单价应报价（　　）。

A. 42.54　　B. 21.27　　C. 41.43　　D. 48.10

4. 根据《建设工程工程量清单计价规范》GB 50500—2013,措施项目清单中不能计算工程量的措施项目以"项"为单位计价,其报价包括除（　　）外的全部费用。

A. 企业管理费、税金　　B. 风险费、规费　　C. 规费、税金　　D. 企业管理费、规费

5. 根据《建设工程工程量清单计价规范》GB 50500—2013,在投标报价计算措施项目费时,对于夜间施工费、二次搬运费等,一般按（　　）计价。

A. 分包法　　B. 综合单价法　　C. 实物量法　　D. 参数法

6. 根据《建设工程工程量清单计价规范》GB 50500—2013,投标时可由投标企业根据其施工组织设计自主报价的是（　　）。

A. 安全文明施工费　　B. 大型机械设备进出场及安拆费　　C. 规费

D. 税金

7. 根据《建设工程工程量清单计价规范》GB 50500—2013,在投标报价计算措施项目费时,投标人（　　）。

A. 不得对措施项目清单做任何调整　　B. 对措施项目清单的调整可以在中标之后进行　　C. 可以根据工程实际情况结合施工组织设计等,对招标人所列的措施项目进行调整　　D. 可以采用索赔的方式要求对新增措施项目予以补偿

8. 根据《建设工程工程量清单计价规范》GB 50500—2013,措施项目清单中的（　　）应按照国家或省级、行业建设主管部门的规定计价,不得作为竞争性费用。

A. 大型机械设备进出场及安拆费、已完工程及设备保护费　　B. 二次搬运费、夜间施工费　　C. 安全文明施工费（含环境保护、文明施工、安全施

工） D. 安全文明施工费（含环境保护、文明施工、安全施工、临时设施）

9. 根据《建设工程工程量清单计价规范》GB 50500—2013，由招标人提供、投标人不得变动的是（　　）。

A. 安全文明施工费　B. 规费　C. 税金　D. 暂估价

10. 在招投标过程中，若招标文件某分部分项工程量清单项目特征描述与设计图纸不符，投标人报价时应按（　　）确定综合单价。

A. 设计图纸　B. 预算定额　C. 企业定额　D. 工程量清单项目特征描述

11. 根据《建设工程工程量清单计价规范》GB 50500—2013，投标时可由投标企业根据其施工组织设计自主报价的是（　　）。

A. 安全文明施工费　B. 大型机械设备进出场及安拆费　C. 规费

D. 税金

12. 根据《建设工程工程量清单计价规范》GB 50500—2013，采用工程量清单招标的工程，投标人在投标报价时不得作为竞争性费用的是（　　）。

A. 工程定位复测费　B. 税金　C. 冬、雨期施工增加费　D. 总承包服务费

13. 根据《建设工程工程量清单计价规范》GB 50500—2013 实行工程量清单计价的工程，实践中最常用的合同计价类型是（　　）。

A. 变动单价合同　B. 固定单价合同　C. 变动总价合同　D. 固定总价合同

二、多选题

1. 根据《建设工程工程量清单计价规范》GB 50500—2013，分部分项工程的综合单价包括（　　）。

A. 人、料、机费　B. 企业管理费　C. 利润　D. 措施项目费　E. 风险费

2. 根据《建设工程工程量清单计价规范》GB 50500—2013，计算措施费的方法有（　　）。

A. 分包法　B. 定额法　C. 概算法　D. 参数法　E. 综合单价法

3. 根据《建设工程工程量清单计价规范》GB 50500—2013，施工企业投标报价时不得作为竞争性费用的有（　　）。

A. 暂列金额　B. 安全文明施工费　C. 措施项目费　D. 规费

E. 税金

4. 根据《建设工程工程量清单计价规范》GB 50500—2013，关于投标人投标报价编制的说法，正确的有（   ）。

A. 投标报价应以投标人的企业定额为依据   B. 投标报价应根据投标人的投标战略确定，必要的时候可以低于成本   C. 投标中若发现清单中的项目特征与设计图纸不符，应以项目特征为准   D. 招标文件中要求投标人承担的风险费用，投标人应在综合单价中予以考虑   E. 投标人可以根据项目的复杂程度调整招标人清单中的暂列金额的大小

5. 根据《建设工程工程量清单计价规范》GB 50500—2013，以下关于投标人投标报价的说法中正确的有（   ）。

A. 投标报价不得低于工程成本   B. 投标报价不得高于招标控制价，否则是废标   C. 投标报价应预先确定施工方案和施工进度   D. 当项目特征描述和施工图不一致时，投标报价最重要的依据是施工图   E. 投标人投标报价时可以对招标人所列的措施项目进行调整并报价

6. 采用工程量清单报价，下列计算公式正确的是（   ）。

A. 分部分项工程综合单价=(施工作业量的人、料、机费+企业管理费+利润+风险费)÷工程净量   B. 分部分项工程费=∑分部分项工程量×分部分项工程综合单价   C. 措施项目费=∑措施项目工程量×措施项目综合单价   D. 其他项目费=暂列金额+暂估价+计日工+总承包服务费   E. 单项工程报价=分部分项工程费+措施项目费+其他项目费+规费+税金

单选题答案：1-5. ADACD   6-10. BCDDD   11-13. BBB
多选题答案：1. ABCE   2. ADE   3. BDE   4. ACD   5. ABCE   6. ABCD

1Z103080 计量与支付

一、单选题

1. 单价合同的计量程序为:发包人收到承包人当期已完工程量报告(   )内核实，并将核实计量结果通知承包人，承包人若有异议应(   )内向发包人提出书面意见。

A. 7天，7天   B. 14天，14天   C. 7天，14天   D. 14天，7天

2. (   )主要用于取土坑或填筑路堤土方的计量，在开工前，承包人需测绘原地形的断面，经监理工程师检查，作为计量的依据。

A. 图纸法   B. 均摊法   C. 断面法   D. 分解计量法

3. 根据《建设工程工程量清单计价规范》GB 50500—2013，若合同未约定，当工程量清单项目的工程量偏差在(   )以内时，其综合单价不作调整，执行清单原有的综合单价。

A. 5 %　　B. 10%　　C. 15%　　D. 20 %

4. 某工程招标文件中，混凝土估计工程量为 10000m³，合同中规定混凝土单价为 400 元/m³，若实际完成混凝土工程量与估计工程量的变动大于 15%时，则进行调价，调价系数为 0.9。竣工时实际完成混凝土工程量为 15000m³，则混凝土工程款为（　　）万元。

A. 600　　B. 580　　C. 586　　D. 540

5. 某独立土方工程按《建设工程工程量清单计价规范》GB 50500—2013 计价，招标文件中预计工程量 150 万 m³，合同中规定：土方工程单价 30 元/m³，当实际工程量减少超过估计工程量 15%时，减少后剩余部分工程量的价格调整为 35 元/m³。工程完成后实际工程量 120 万 m³，则该土方工程的结算工程款为（　　）万元。

A. 4200　　B. 3600　　C. 4500　　D. 5250

6. 承包人采购材料、工程设备的，应在施工合同中约定材料、工程设备变化的范围或幅度。若合同未约定，则（　　），超过部分的价格按价格指数调整法或造价信息差额调整法计算调整材料费。

A. 材料、工程设备总价变化超过 15%　　B. 材料、工程设备总价变化超过 5%

C. 材料、工程设备单价变化超过 15%　　D. 材料、工程设备单价变化超过 5%

7. 施工合同价为 50 万元，其中可调部分为：人工费占合同价的 15%，材料费占合同价的 60%，其他为不可调部分。结算时，人工费价格指数上涨了 10%，材料费价格指数上涨了 20%，则该项目应结算的工程价款为（　　）万元。

A. 56　　B. 56.35　　C. 57　　D. 56.75

8. 某工程合同价为 500 万元，合同价的 60%为可调部分。可调部分中，人工费占 35%，材料费占 55%，其余占 10%。结算时，人工费价格指数增长了 10%，材料费价格指数增长了 20%，其余未发生变化。按价格指数调整法计算，该工程的结算工程价款为（　　）万元。

A. 610.00　　B. 543.50　　C. 511.25　　D. 500.00

9. 因不可抗力事件导致的损害及其费用增加，应由承包人承担的是（　　）。

A. 工程本身的损害　　B. 承包人的施工机械设备损坏及停工损失　　C. 发包方现场的人员伤亡　　D. 工程所需的修复费用

10. 根据《标准施工招标文件》，在施工过程中遭遇不可抗力，承包人可以要求合理补偿（　　）。

A. 费用　　B. 工期　　C. 利润　　D. 成本

11. 由于监理工程师原因引起承包商向业主索赔施工机械闲置费时，承包商自有设备闲置费一般按设备的（　　）计算。

A. 台班费　　B. 台班折旧费　　C. 台班费与进出场费用　　D. 市场租赁

价格

12. 当发生施工合同外零星工作时，承包人应在收到发包人指令后（　　）内向发包人提交现场签证报告，发包人应在（　　）内核实，过时未提出修改意见，则视为承包人的要求已被发包人认可。

  A. 7 天，7 天 B. 7 天，48 小时 C. 14 天，14 天 D. 14 天，7 天

13. 某工程合同总额 200 万元，工程预付款位为 24 万元，主要材料、构件所占比重为 60%，则起扣点为（　　）万元。

  A. 155 B. 160 C. 165 D. 170

14. 发包人应在工程开工后 28 天内预付给承包人不低于当年施工进度计划的安全文明施工费总额的（　　），其余部分按照提前安排的原则进行分解，与进度款同期支付。

  A. 50% B. 60% C. 80% D. 100%

15. 某工程包含 2 个子项工程，合同约定甲项 200 元/m^2，乙项 180 元/m^2，且从第 1 个月起，按 5% 的比例扣保修金，另工程师签发月度付款最低金额为 25 万元。现承包商第 1 个月实际完成并经工程师确认的甲、乙 2 子项的工程量分别为 700m^2、500m^2，则该月工程师应签证的工程款为（　　）元，工程师应签发的的实际付款金额为（　　）元。

  A. 230000，230000 B. 230000，0 C. 218500，218500 D. 218500，0

16. 某建设工程施工合同约定：工程无预付款，进度款按月结算，保留金按进度款的 3% 逐月扣留，监理工程师每月签发付款凭证的最低限额为 25 万元。经计量确认，施工单位第 1 个月完成工程款 25 万元，第 2 个月完成工程款 30 万元，则第 2 个月监理工程师应签发的付款金额为（　　）万元。

  A. 24.25 B. 29.1 C. 53.35 D. 55

17. 承包人应于（　　）后，按照合同约定向发包人提交最终结清支付申请。

  A. 工程竣工验收合格 B. 工程移交 C. 缺陷责任期终止 D. 保修期终止

二、多选题

1. 若施工合同中未约定，则承包人采购材料、工程设备单价变化超过 5%，超过部分的价格应按照（　　）计算调整材料、工程设备费。

  A. 价格指数调整法 B. 造价信息差额调整法 C. 按主材计算价差

  D. 竣工调价系数法 E. 要素比例调价法

2. 发生索赔事项，索赔费用的计算方法有（　　）等。

  A. 综合费用法 B. 实际费用法 C. 总费用法 D. 修正总费用法

  E. 实物费用法

3. 施工过程遭受不可抗力，承包商可向发包人索赔的费用包括（　　）。

A. 不可抗力期间承包人的窝工补偿　　B. 承包人施工机械损坏　　C. 按采购计划已运至工地的材料、工程设备的毁损　　D. 承包人人员伤亡损失

E. 承包人不可抗力期间照管施工现场的费用

4. 承包商可向发包人索赔的材料费包括（　　）。

A. 由于承包商管理不善，造成材料损坏失效引起的损失费　　B. 由于索赔事项导致材料实际用量超过计划用量而增加的材料费　　C. 承包商使用不合格材料引起的损失费用　　D. 由于客观原因造成材料价格大幅度上涨而增加的材料费　　E. 由于非承包商责任造成工期延误而导致的材料价格上涨和超期储存费用

5. 由于业主原因，工程暂停 1 个月，则承包商可索赔（　　）。

A. 材料超期储存费用　　B. 施工机械窝工费　　C. 合理的利润　　D. 人工窝工费　　E. 增加的利息支出

6. 下列有关工程预付款的说法，正确的是（　　）。

A. 发包人拨付给承包人的工程预付款是预支的性质　　B. 工程预付款用于承包人为工程施工购置材料、机械设备、修建临时设施、施工队伍进场等　　C. 包工包料工程的预付款的支付比例不得低于签约合同价（扣除暂列金额）的 10%，不宜高于签约合同价（扣除暂列金额）的 20%　　D. 发包人应在收到承包人预付款支付申请的 7 天内向承包人支付预付款　　E. 预付款常用的扣回方式有：等比率扣款、等额扣款、达到起扣点后扣款

单选题答案：1-5. ACCCA　　6-10. DDBBB　　11-15. BBBBD　　16-17. CC

多选题答案：1. AB　　2. BCD　　3. CE　　4. BDE　　5. ABDE　　6. ABE

1Z103090　国际工程投标报价

一、单选题

1. 国际工程投标报价组成中，间接费、利润、风险费是在工程量清单中没有单独列项的费用项目，需要将其作为（　　）分摊到工程量清单的各个报价分项中去。

A. 现场管理费　　B. 待摊费用　　C. 临时设施费　　D. 经营业务费

2. 在工程所在国当地采购的材料设备，其预算价格应为施工现场交货价格，包括市场价、运输费和（　　）。

A. 海关税　　B. 运输保管损耗　　C. 保管费　　D. 采购保管损耗

3. 下列待摊费费用项目中，不属于现场管理费的是（　　）。

A. 办公费　　B. 国外生活设施使用费　　C. 工具用具使用费　　D. 工程辅助费

4. 以下关于国际工程投标总报价中开办费的说法中，不正确的是（   ）。

    A. 开办费是指正式工程开始之前的各项现场准备工作所需的费用　　B. 投标报价时，开办费可能单列，也可能作为待摊费用摊入工程量表的各计价分项价格中　　C. 开办费是单列还是摊入工程量其他分项价格中，由投标人自主确定　　D. 开办费包括现场勘察费、施工用水电费、职工交通费、承包商临时设施费、现场试验设施费等

5. 国际工程投标报价中，分项工程人、料、机费用常用的估价方法不包括（   ）。

    A. 定额估价法　　　B. 投资估算法　　　C. 作业估价法　　　D. 匡算估价法

6. 计算分项工程人、料、机费用，如果具备较准确的人工、材料、机械台班的消耗定额，以及人工、材料、机械台班的使用单价，则宜采用（   ）。

    A. 作业估价法　　B. 匡算估价法　　C. 定额估价法　　D. 直接估价法

7. 国际工程中，在不影响投标总报价的前提下，将某些较早施工的分部分项工程的单价报得比正常水平高一些，将某些较晚施工的分部分项工程的单价报得比正常水平低一些。这种报价方法称为（   ）。

    A. 多方案报价法　　B. 突然降价法　　C. 先亏后盈法　　D. 不平衡报价法

8. 投标人对原招标方案投标报价后，再修改原设计方案提出更合理的设计方案以吸引招标人，这种投标策略是（   ）。

    A. 不平衡报价法　　B. 多方案报价法　　C. 建议方案报价法　　D. 突然降价法

9. 国际工程投标报价中，暂定金额的处理方式是（   ）决定其使用方式和额度。

    A. 计入承包商工程总报价，由承包商　　B. 不计入承包商工程总报价，由项目设计方　　C. 不计入承包商工程总报价，由业主工程师　　D. 计入承包商工程总报价，由业主工程师

10. 为弥补企业任务不足，以追求边际效益为目标的投标报价策略，属于（   ）。

    A. 生存策略　　B. 补偿策略　　C. 竞争策略　　D. 盈利策略

二、多选题

1. 若开办费未单列，则国际工程投标报价的组成中，待摊费包括（   ）等费用。

    A. 开办费　　B. 现场管理费　　C. 其他待摊费　　D. 分包工程费

    E. 暂列金额

2. 现场管理费是指由于组织施工与管理工作而发生的各种费用。下列属于现场管理费范畴的是（   ）。

    A. 承包商临时设施费　　B. 劳动保护费　　C. 检验试验费　　D. 工具用具

使用费　　E. 工程辅助费

3. 国际工程投标报价的动态分析类似于项目投资的敏感性分析，主要应考虑（　）的影响。

　　A. 工程量偏差　　B. 工期延误　　C. 物价和工资上涨　　D. 施工现场条件

　　变化　　E. 其他可变因素

单选题答案：1-5. BDDCB　　6-10. CDCDB

多选题答案：1. ABC　　2. BCD　　3. BCE

往年真题解析

2013年真题

一、单项选择题（共 60 题，每题 1 分。每题的备选项中，只有 1 个符合题意）

1. 某施工企业向银行借款 250 万元，期限 2 年，年利率 6%，半年复利利息一次，第 2 年付息，则到期企业需支付给银行的利息为（　）万元。**教材 P13**

　　A. 30.00　　B. 30.45　　C. 30.90　　D. 31.38

2. 某施工企业投资 200 万元购入一台施工机械，计划从购买日起的未来 6 年等额收回投资并获取收益。若基准收益率为 10%，复利计息，则每年末应获得的净现金流入为（　）万元。**教材 P10**

　　A. $200 \times (A/P, 10\%, 6)$　　B. $200 \times (F/P, 10\%, 6)$　　C. $200 \times (A/P, 10\%, 7)$　　D. $200 \times (A/F, 10\%, 7)$

3. 某垃圾处理项目得到政府 300 万元的财政补贴，则这 300 万元应计入财务计划现金流量表中的（　）。**教材 P46**

　　A. 经营活动净现金流量　　B. 投资活动净现金流量　　C. 筹资活动净现金流量　　D. 营业收入

4. 某设备 5 年前的原始成本是 10 万元，现账面价值是 3 万元，市场价值是 2 万元，则该设备的沉没成本为（　）万元。**教材 P58**

　　A. 1　　B. 3　　C. 7　　D. 8

5. 某设备在不同的使用年限（1~7 年）时的平均年度资产消耗成本和平均年度运行成本如下表所示。则该设备在静态模式下的经济寿命为（　）年。**教材 P60**

使用年限（年）	1	2	3	4	5	6	7
平均年度资产消耗成本（万元）	140	110	90	75	65	60	58
年度运行成本（万元）	15	20	30	40	55	70	85

　　A. 3　　B. 4　　C. 5　　D. 6

6. 关于设备租赁的说法，错误的是（　）。**教材 P64**

A. 融资租赁通常适用于长期使用的贵重设备　　B. 临时使用的设备适宜采用经营租赁方式　　C. 经营租赁的任一方可以一定方式在通知对方后的规定期限内取消租约　　D. 租赁期内，融资租赁承担人拥有租赁设备的所有权

7. 某工程合同总价 300 万元，工程预付款为合同总额的 20%，主要材料、构件占合同总额的 50%，则工程预付款的起扣点为（　　）万元。**教材 P280**

　　A. 200　　B. 150　　C. 180　　D. 140

8. 根据《建设工程工程量清单计价规范》GB 50500—2013，关于工程量清单编制的说法，正确的是（　　）。**教材 P227**

　　A. 同一招标工程的项目编码不能重复　　B. 措施项目都应该以"项"为计量单位　　C. 所有清单项目的工程量都应以实际施工的工程量为准　　D. 暂估价是用于施工中可能发生工程变更时的工程价款调整的费用

9. 当初步设计有详细设备清单时，编制设备及安装工程概算宜采用的编制方法是（　　）。**教材 P209**

　　A. 扩大单价法　　B. 概算指标法　　C. 预算单价法　　D. 类似工程预算法

10. 某项目设计年产量为 6 万件，每件售价为 1000 元，单位产品可变成本为 350 元，单位产品营业税金及附加为 150 元，年固定成本为 360 万元，则用生产能力利用率表示的项目盈亏平衡点为（　　）。**教材 P38**

　　A. 30%　　B. 12%　　C. 15%　　D. 9%

11. 根据《建设工程工程量清单计价规范》GB 50500—2013，应列入规费清单的费用是（　　）。**教材 P231**

　　A. 上级单位管理费　　B. 大型机械进出场及安拆费　　C. 住房公积金

　　D. 危险作业意外伤害保险费

12. 根据现行《建筑安装工程费用项目组成》(建标〔2013〕44 号)，施工现场按规定缴纳的工程排污费应计入建筑安装工程（　　）。**教材 P172**

　　A. 风险费用　　B. 规费　　C. 措施费　　D. 企业管理费

13. 下列财务指标中，数值越高，表明企业资产的盈利能力越强的指标是（　　）。**现教材无**

　　A. 总资产报酬率　　B. 营业增长率　　C. 速动比率　　D. 总资产周转率

14. 某企业从银行借入一笔长期贷款 2000 万元，手续费率为 0.2%，年利率为 7%，期限为 5 年，每年结息 1 次，年末付息，到期一次还本，企业所得税税率为 25%，则该项借款的资金成本率为（　　）。**教材 P143**

　　A. 7.29%　　B. 7.01%　　C. 5.26%　　D. 5.45%

15. 编制预算定额人工消耗量时，人工幅度差用工是人工定额中未包括的，而在一

般正常施工情况下又不可避免的一些（　　）。教材 P194

  A. 返工用工 B. 低效率用工 C. 用工浪费 D. 零星用工

16. 下列工程经济效果评价指标中，属于盈利能力分析动态指标的是（　　）。教材 P25

  A. 财务净现值 B. 投资收益率 C. 借款偿还率 D. 流动比率

17. 根据《建设工程工程量清单计价规范》GB 50500—2013，因不可抗力事件导致的损害及其费用增加，应由承包人承担的是（　　）。教材 P265

  A. 工程本身的损害 B. 承包人的施工机械损坏 C. 发包方现场的人员伤亡 D. 工程所需的修复费用

18. 关于工程量清单招标中计日工报价技巧的说法，正确的是（　　）。教材 P310

  A. 单纯对计日工报价应报低价 B. 招标文件中有名义工程量的计日工应报高价 C. 单纯对计日工报价应报高价 D. 招标文件中有名义工程量的计日工应报低价

19. 根据《建设工程工程量清单计价规范》GB 50500—2013，招标人委托工程造价咨询人编制的招标工程量清单，其封面应有招标人和（　　）盖章确认。教材 P226

  A. 编制清单的造价员 B. 造价咨询人的造价工程师 C. 工程造价咨询人的法人代表 D. 工程造价咨询人

20. 根据现行《企业会计准则》，下列交易事项中，应计入当期利润的是（　　）。教材 P90

  A. 收到上期出售产品的货款 B. 上期购买的货物，但是本期才支付的货款

  C. 上期已经进行的销售宣传，但是本期才支付的宣传费 D. 当期已经出售的产品，但是货款还没有收到

21. 某工程钢筋加工有现场制作和外包加工 2 个方案，现场制作方案的固定费用 12 万元，每吨加工费用 150 元；外包加工每吨加工费用 250 元，则仅从经济上考虑时，现场制作方案的实用范围是钢筋总加工量在（　　）。教材 P84

  A. 1200 吨以上 B. 480 吨以上 C. 480~800 吨之间 D. 800~1200 吨之间

22. 对采用通用图纸的多个工程施工图预算进行审查时，为节省时间，宜采用的审查方法是（　　）。教材 P224

  A. 全图审查法 B. 筛选审查法 C. 对比审查法 D. 标准预算审查法

23. 根据现行《建筑安装工程费用项目组成》（建标［2013］44 号），企业按规定为职工缴纳的基本养老保险属于（　　）。教材 P171

A. 规费　　　B. 企业管理费　　　C. 措施费　　　D. 人工费

24. 设计概算的"三级概算"是指（　　）。教材P200

A. 建筑工程概算、安装工程概算、设备及工器具购置费概算　　　B. 建设投资概算、建设期利息概算、铺底流动资金概算　　　C. 主要工程项目概算、辅助和服务性工程项目概算、室内外工程项目概算　　　D. 单位工程概算、单项工程综合概算、建设工程项目总概算

25. 某工程已有详细的设计图纸，建筑结构非常明确，采用的技术很成熟，则编制该单位建筑工程概算精度最高的方法是（　　）。教材P204

A. 概算指标法　　　B. 类似工程预算法　　　C. 修正的概算指标法　　　D. 概算定额法

26. 某施工企业2012年度工程结算收入为1000万元，营业成本和营业税金及附属加为300万元，管理费用200万元，财务费用为100万元，其他业务收入为200万元，投资收益150万元，营业外收入为100万元，营业外支出为80万元，所得税为100万元，则企业当年营业利润为（　　）万元。教材P116

A. 500　　B. 520　　C. 750　　D. 670

27. 某跨年度项目的合同价为10000万元，预计合同总成本8500万元，资产负债表日以前会计年度累计已确认的收入为6000万元，该工程已完成工程进度的80%，则当期应确认的合同收入为（　　）万元。教材P115

A. 1500　　B. 2000　　C. 2500　　D. 4000

28. 编制某工程项目投资估算时，项目建设期2年，第一年贷款800万元，第二年贷款600万元，贷软年利率10%，则该项目建设期利息总和为（　　）万元。教材P168

A. 154　　B. 114　　C. 140　　D. 144

29. 根据现行《建筑安装工程费用项目组成》（建标［2013］44号），职工的劳动保险费应计入（　　）。教材P171

A. 规费　　　B. 企业管理费　　　C. 措施费　　　D. 人工费

30. 租赁公司购买一台设备用于出租，设备的价格为128万元，可以租赁6年，每年年末支付租金，折现率为10%，附加率为4%，租赁保证金和设备费的时间价值忽略不计，则按附加率法计算的年租金为（　　）万元。教材P66

A. 34.99　　B. 28.59　　C. 24.32　　D. 39.25

31. 某机械台班产量为4m^3，与之配合的工人小组由5人组成，则单位产品的人工时间定额为（　　）工日。教材P189

A. 0.50　　B. 0.80　　C. 120　　D. 1.25

32. 根据《建设工程工程量清单计价规范》GB 50500—2013，招标工程量清单的准

确性和完整性应由（　　）负责。教材P226

 A. 投标人 B. 招标人指定的招标代理机构 C. 招标人的上级部门

 D. 招标人

33. 根据《建设工程工程量清单计价规范》GB 50500—2013，采用工程量清单招标的工程，投标人在投标报价时不得作为竞争性费用的是（　　）。教材P246

 A. 工程定位复测费 B. 税金 C. 冬、雨期施工增加费 D. 总承包服务费

34. 根据现行《企业会计准则》，对于资产负债表日起一年内到期的负债，企业预计不能自主地将清偿义务展期，但在资产负债表日后，财务报告批准报出日前签订了重新安排清偿计划协议，则该项负债应归类为（　　）。教材P128

 A. 非流动负债 B. 流动负债 C. 应付票据 D. 长期应付款

35. 关于企业定额的说法，正确的是（　　）。教材P193

 A. 企业定额是编制施工组织设计的依据 B. 企业定额能反映在不同项目上的最高管理水平 C. 依据企业定额可以计算出施工企业完成投标工程的实际成本 D. 企业定额不能直接反映本企业的施工技术水平

36. 根据现行《企业会计准则》，下列资产中属于现金流量表中现金等价物的是（　　）。教材P131

 A. 应收账款 B. 存货 C. 银行承兑汇票 D. 可流通的股票

37. 对于待定的投资方案，若基准收益率增大，则投资方案评价指标的变化规律是（　　）。教材P26

 A. 财务净现值与内部收益率均减小 B. 财务净现值与内部收益率均增大

 C. 财务净现值减小，内部收益率不变 D. 财务净现值增大，内部收益率减小

38. 下列经济活动产生的现金中，不属于筹资活动产生的现金流量是（　　）。教材P131

 A. 处置子公司收到的现金净额 B. 取得借款收到的现金 C. 分配股利支付的现金 D. 偿还债务支付的现金

39. 某工程建设单位2010年10月审核了竣工结算书，按合同建设单位应于2012年11月支付结算款项，实际上施工企业于2013年1月收到该笔款项，根据现行《企业会计准则》，施工企业应将该款项计入（　　）的收入。教材P113

 A. 2012年10月 B. 2012年12月 C. 2012年11月 D. 2013年1月

40. 根据《建设工程工程量清单计价规范》GB 50500—2013，关于工程计量的说法，正确的是（　　）。教材P233、253

A. 发包人应在收到承包人已完成工程量报告后 14 天核实　　B. 总价合同的工程量必须以原始的施工图纸为依据计量　　C. 所有工程内容必须按月计量

D. 单价合同的工程量必须以承包人完成合同工程应予计量的工程量确定

41. 关于用成本分析模式确定企业现金量使持有量的说法,正确的是（　　）。教材 P152

A. 企业持有现金的成本有机会成本、管理成本和短缺成本　　B. 管理成本与现金持有量一般上正比例关系　　C. 现金的短缺成本随现金持有量的增加而增加　　D. 运用成本分析模式确定现金最佳持有量的目的是加速现金周转速度

42. 建设工程施工定额的研究对象是（　　）。教材 P181

A. 分部分项工程　　B. 工序　　C. 扩大的分部分项工程　　D. 整个建筑物或构筑物

43. 某技术方案投资现金流量的数据如下表示,用该技术方案的静态投资回收期为（　　）年。教材 P24

计算期（年）	0	1	2	3	4	5	6	7	8
现金流入（万元）	—	—	800	1200	1200	1200	1200	1200	
现金流入（万元）	—	600	900	500	700	700	700	700	700

A. 5.0　　B. 5.2　　C. 5.4　　D. 6.0

44. 根据《建设工程工程量清单计价规范》GB 50500—2013,实行工程量清单计价的工程,应采用的合同类型是（　　）。教材 P250

A. 总价合同　　B. 单价合同　　C. 固定总价合同　　D. 成本加酬金合同

45. 按照《建设工程工程量清单计价规范》GB 50500—2013 投标的工程,完全不能竞争的部分是（　　）。教材 P246

A. 分部分项工程费　　B. 措施项目费　　C. 其他项目费　　D. 规费

46. 价值工程的核心是对产品进行（　　）。教材 P70

A. 成本分析　　B. 信息搜集　　C. 方案创新　　D. 功能分析

47. 根据《建设工程工程量清单计价规范》GB 50500—2013,若合同未约定,当工程量清单项目的清单工程量偏差在（　　）以内时,其综合单价不作调整,执行清单原有的综合单价。教材 P257

A. 15%　　B. 5%　　C. 10%　　D. 20%

48. 某工程施工有 2 个技术方案可供选择,甲方案需投资 180 万元,年生产成本为45 万元,乙方案需投资 220 万元,年生产成本为 40 万元,设基准投资收益率为 12%,若

采用增量投资收益率评价两方案，则（　）。教材P83

　　A. 甲方案优于乙方案　　B. 甲、乙2个方案的效果相同　　C. 乙方案优于甲方案　　D. 甲、乙2个方案的折算费用相同

49. 根据《标准施工招标文件》，在施工过程中遭遇不可抗力，承包人可以要求合理补偿（　）。教材P265

　　A. 费用　　B. 工期　　C. 利润　　D. 成本

50. 某技术方案实施到第2年时，由于规范变化导致某分项目工程量增加，因此增加的费用应从建设投资中的（　）支出。教材P167

　　A. 基本预备费　　B. 涨价预备费　　C. 建设期利息　　D. 工程建设其他费用

51. 根据现行《建筑安装工程费用项目组成》（建标[2013]44号），下列费用中，应计入分部分项工程费的是（　）。教材P169、P233

　　A. 安全文明施工费　　B. 二次搬运费　　C. 施工机械使用费　　D. 大型机械设备进出场及安拆费

52. 施工企业所需的某种材料，年度采购总量为2000吨，材料价格为6000元/吨，一次订货成本为4000元，每吨材料的年平均储备成本为200元。根据经济批量模型，该种经济采购批量为（　）吨。教材P155

　　A. 280.0　　B. 282.8　　C. 284.6　　D. 286.4

53. 施工企业销售自行加工的商品混凝土的收入属于（　）。教材P110

　　A. 产品销售　　B. 施工合同　　C. 材料销售　　D. 提供劳务

54. 某施工企业按2/10、$n/30$的条件购入钢材50万元，企业在第20天支付了全部货款50万元，那么该企业放弃现金折扣的成本为（　）。教材P145

　　A. 36.72%　　B. 2.00%　　C. 2.04%　　D. 11.11%

55. 某装饰企业施工的M项目于2012年10月工程完工时只发生材料费30万元，项目管理人员工资8万元，企业行政管理部门发生的水电费2万元。根据现行《企业会计准则》，应计入工程成本的费用为（　）万元。教材P102、107

　　A. 30　　B. 38　　C. 32　　D. 40

56. 某项目采用净现值指标进行敏感性分析，有关数据见下表，则各因素的敏感程度由大到小的顺序是（　）。教材P41

变化幅度因素	−10%	0	+10%
建设投资（万元）	623	564	505

变化幅度因素	－10%	0	＋10%
营业收入（万元）	393	564	735
经营成本（万元）	612	564	516

A. 建设投资、营业收入、经营成本　　　B. 营业收入、经营成本、建设投资

C. 经营成本、营业收入、建设投资　　　D. 营业收入、建设投资、经营成本

57. 国际工程项目招标中，如果业主规定了暂定工程量的分项内容和暂定总价款，且规定所有投标人都必须在总报价中加入这笔固定金额，则投标人对该暂定工程的报价策略是（　）。教材 P311

A. 单价可适当降低　　B. 总价应适当降低　　C. 单价可适当提高　　D. 总价可适当提高

58. 考虑资金时间价值，两笔资金不能等值的情形是（　）。教材 P5

A. 金额相等，发生在不同时点　　B. 金额不等，发生在不同时点　　C. 金额不等，但分别发生在期初和期末　　D. 金额相等，发生在相同时点

59. 采用定额单价法计算工程费用时，若分项工程施工工艺条件与定额单价不一致而造成人工、机械的数量增减时，对定额的处理方法一般是（　）。教材 P218

A. 编制补充单价表　　B. 直接套用定额单价　　C. 调量不换价　　D. 按实际价格换算定额单价

60. 下列财务指标中，可以反映企业资产管理效率的指标是（　）。教材 P139

A. 净资产收益率　　B. 存货周转率　　C. 流动比率　　D. 资本积累率

二、多项选择题（共 20 题，每题 2 分，每题的备选项中，有 2 个或 2 个以上符合题意，至少有 1 个错项，错选，本题不得分；少选，所选的每个选项得 0.5 分）

61. 影响国际工程投标报价决策的因素主要有（　）。教材 P312

A. 评标人员组成　　B. 成本估算的准确性　　C. 竞争程度　　D. 市场条件　　E. 评标人员组成

62. 根据现行《企业会计准则》，应计入管理费用的有（　）。教材 P107

A. 印花税　　B. 管理人员劳动保护费　　C. 应付债券利息　　D. 固定资产使用费　　E. 法律顾问费

63. 关于杜邦财务分析体系的说法，正确的有（　）。教材 P141

A. 通过杜邦分析体系能发现企业资本金的变动趋势　　B. 杜邦分析利用财务比率的内在联系对企业财务状况和经营成果进行综合分析　　C. 杜邦分析将

若干财务指标形成一个完整的指标体系　　D. 杜邦分析以净资产收益率为核心指标　　E. 杜邦分析能研究各项资产的比重变化情况, 揭示企业的借债能力

64. 资本金现金流量表中, 作为现金流出的项目有 (　　)。教材 P44

A. 借款本金偿还　　B. 回收固定资产余值　　C. 回收流动资金　　D. 借款利息支付　　E. 经营成本

65. 关于现金流量绘图规则的说法, 正确的有 (　　)。教材 P5

A. 箭线长短要能适当体现各时点现金流量数值大小的差异　　B. 箭线与时间轴的交点表示现金流量发生的时点　　C. 横轴是时间轴, 向右延伸表示时间的延续　　D. 现金流量的性质对不同的人而言是相同的　　E. 时间轴上的点通常表示该时间单位的起始时点

66. 评价技术方案偿债能力时, 可用于偿还借款的资金来源包括 (　　)。教材 P29

A. 固定资产修理费　　B. 固定资产折旧费　　C. 无形资产摊销费　　D. 应交营业税　　E. 净利润

67. 根据现行《企业会计准则》, 应列入流动负债的有 (　　)。教材 P91

A. 应交税金　　B. 应收账款　　C. 应付工资　　D. 长期借款　　E. 预付账款

68. 项目盈亏平衡分析中, 若其他条件不变, 可以降低盈亏平衡点产量的(　　)。教材 P37

A. 提高设计生产能力　　B. 降低固定成本　　C. 降低产品售价　　D. 降低单位产品变动成本　　E. 提高营业税金及附加率

69. 下列工程建设投资中, 属于与未来生产经营有关的其他费用的有 (　　)。教材 P166

A. 联合试运转费　　B. 建设单位管理费　　C. 办公家具购置费　　D. 生产家具购置费　　E. 生产职工培训费

70. 关于定额单价法编制施工图预算的说法, 正确的有 (　　)。教材 P218

A. 当分项工程的名称、规格、计量单位与定额单价中所列内容完全一致时, 可直接套用定额单价　　B. 当分项工程的主要材料的品种与定额单价中规定材料不一致时, 应该实际使用材料价格换算定额单价　　C. 当分项工程施工工艺条件与定额单价不一致而造成人工、机械的数量增减时, 应调价不换量

D. 当本地区同一的定额单价表中没有与本项目分项工程相应的内容时, 可套用邻近地区的单价估算表　　E. 当分项工程不能直接套用定额、不能换算和调整时, 应编制补充单位估价表

71. 下列资金成本中，属于资金占用费的有（   ）。教材 P142

A. 借款手续费　　B. 发行债券支付的印刷费　　C. 筹资过程中支付的广告费　　D. 债券利息　　E. 贷款利息

72. 某建筑企业与甲公司签订了一项总造价为 1000 万元的建造合同，建设期为 2 年，第 1 年实际发生工程成本 400 万元，双方均履行了合同规定义务，但在第 1 年末由于建筑企业对该项工程的完工进度无法可靠的估计，所以与甲公司只办理了工程款结算 360 万元，随后甲公司陷入经济危机而面临破产清算，导致其与款可能无法收回。则关于该合同收入与费用确认的说法，正确的有（   ）。教材 P115

A. 合同收入确认方法应采用完工百分比法　　B. 1000 万元可确认为合同收入　　C. 360 万元确认为当年的收入　　D. 400 万元应确认为当年费用　　E. 1000 万元可确认为合同费用

73. 根据《建设工程工程量清单计价规范》GB 50500—2013，关于招标控制价的说法，正确的有（   ）。教材 P239

A. 招标控制价是对招标工程项目规定的最高工程造价　　B. 招标控制价超过批准的概算时，招标人应将其报原概算审批部门审核　　C. 国有或非国有资金投资的建设工程招标，招标人必须编制招标控制价　　D. 招标控制价应在招标文件中公布，在招标过程中不应上调，但可适当下浮　　E. 投标人的投标报价高于招标控制价时，其投标应按废标处理

74. 编制机械合班使用定额时，机械工程必须消耗的时间包括（   ）。教材 P190

A. 不可避免的中断时间　　B. 不可避免的无负荷工作时间　　C. 有效工作时间　　D. 低负荷下工作时间　　E. 由于劳动组织不当引起的中断时间

75. 下列资产在财务管理上可作为现金管理的有（   ）。教材 P151

A. 应收账款　　B. 库存现金　　C. 银行存款　　D. 银行本票　　E. 无形资产

76. 根据现行《建设工程价款结算暂行办法》（财建[2004]369 号），发包人未在合同约定的时间内向承包人支付工程竣工结算价款时，承包人可以采取的措施有（   ）。教材 P287

A. 向发包人催促按约定支付工程结算价款　　B. 将该工程留置不予交付使用　　C. 向发包人要求按银行同期贷款利率支付拖欠工程价款的利息　　D. 与发包人协商将该工程折价抵款　　E. 向人民法院申请将该工程依法拍卖

77. 根据《建设工程工程量清单计价规范》GB 50500—2013，应计入社会保险费的有（   ）。教材 P227

A. 财产保险费　　B. 失业保险费　　C. 医疗保险费　　D. 劳动保护费

E. 工伤保险费

78. 施工图预算的编制依据包括（　　）。**教材 P217**

A. 批准的设计概算　　B. 相应预算定额或地区单位估价表　　C. 地方政府发布的区域发展规划　　D. 批准的施工图纸　　E. 项目的技术复杂程度

79. 下列投资方案经济效果评价指标中，可用于偿债能力分析的有（　　）。**教材 P20**

A. 利息备付率　　B. 投资收益率　　C. 流动比率　　D. 借款偿还期

E. 投资回收期

80. 关于设备寿命的说法，正确的有（　　）。**教材 P59**

A. 设备的经济寿命是从经济观点确定的设备更新的最佳时间　　B. 设备的使用年限越长，设备的经济性越好　　C. 设备的合理维修和保养可以避免设备的无形磨损　　D. 设备的技术寿命主要是由设备的无形磨损决定的　　E. 设备的自然寿命是由设备的综合磨损决定的

2013年真题答案及解析

一、参考答案

题号	答案	题号	答案	题号	答案	题号	答案	题号	答案
1	D	17	B	33	B	49	B	65	ABC
2	A	18	C	34	B	50	A	66	BCE
3	A	19	D	35	A	51	C	67	AC
4	A	20	D	36	C	52	B	68	BD
5	C	21	A	37	C	53	A	69	ACE
6	D	22	D	38	A	54	A	70	ABE
7	C	23	A	39	C	55	B	71	DE
8	A	24	D	40	D	56	D	72	CD
9	C	25	D	41	A	57	C	73	ABE
10	B	26	C	42	B	58	A	74	ABC
11	C	27	B	43	C	59	C	75	BCD
12	B	28	A	44	B	60	B	76	ACDE
13	A	29	B	45	D	61	BCDE	77	BCE
14	C	30	D	46	D	62	ABDE	78	ABDE
15	D	31	D	47	A	63	BCD	79	ACD
16	A	32	D	48	C	64	ADE	80	ADE

二、部分真题讲解

1. 解答：

半年 $i = \dfrac{6\%}{2} = 3\%$

$I = F - P = 250 \times (1 + 3\%)^4 - 250 = 31.38（万元）$

4. 解答：

沉没成本 = 账面价值 – 市场价值 = 3 – 2 = 1（万元）

5. 解答：

根据公式：$\overline{C}_N = \dfrac{P - L_N}{N} + \dfrac{C_1 + C_2 + \ldots + C_N}{N}$

有：$\overline{C}_1 = 140 + 15 = 155（万元）$

$\overline{C}_2 = 110 + \dfrac{15 + 20}{2} = 127.5（万元）$

$\overline{C}_3 = 90 + \dfrac{15 + 20 + 30}{3} \approx 111.67（万元）$

$$\overline{C_4} = 75 + \frac{15 + 20 + 30 + 40}{4} = 101.25(万元)$$

$$\overline{C_5} = 65 + \frac{15 + 20 + 30 + 40 + 55}{5} = 97(万元)$$

$$\overline{C_6} = 60 + \frac{15 + 20 + 30 + 40 + 55 + 70}{6} \approx 98.33(万元)$$

$\overline{C_5}$最低，故设备的经济寿命为5年。

7. 解答：

$$T = P - \frac{M}{N} = 300 - \frac{300 \times 20\%}{50\%} = 180(万元)$$

10. 解答：

$$BEP(Q) = \frac{C_F}{p - C_U - T_U} = \frac{360 \times 10^4}{1000 - 350 - 150} = 7200(件)$$

$$BEP(\%) = \frac{BEP(Q)}{Q_d} = \frac{7200}{6 \times 10^4} = 12\%$$

14. 解答：

$$资金成本率 = \frac{年度税后资金占用费}{筹资净额} = \frac{2000 \times 7\% \times (1 - 25\%)}{2000 \times (1 - 0.2\%)} \approx 5.26\%$$

21. 解答：

$Z_j = C_j = C_{Fj} + C_{Uj} \cdot Q$

设钢筋加工量为 Q 吨

$C_{外包} = 250 \cdot Q$

$C_{自制} = 120 \times 10^4 + 150 \cdot Q$

令 $C_{外包} = C_{自制}$

解得 $Q = 1200$（吨）

即 $Q < 1200$ 吨，应外包加工；$Q > 1200$ 吨，应现场制作；$Q = 1200$ 吨，两种方案总成本相等。

26. 解答：

营业利润 $= 1000 - 300 - 200 - 100 + 200 + 150 = 750$（万元）

27. 解答：

当期收入 $= 10000 \times 80\% - 6000 = 2000$（万元）

28. 解答：

第一年贷款利息 $= \frac{1}{2} \times 800 \times 10\% = 40$（万元）

第二年贷款利息 $= (800 + 40 + \frac{1}{2} \times 600) \times 10\% = 114(万元)$

建设期贷款利息 $= 40 + 114 = 154(万元)$

30. 解答：

$$R = \frac{P}{N} + P \cdot i + P \cdot r = \frac{128}{6} + 128 \times 10\% + 128 \times 4\% = 39.25(万元)$$

31. 解答：

$$机械时间定额 = \frac{1}{产量定额} = \frac{1}{4} = 0.25(台班/m^3)$$

$$人工时间定额 = 0.25 \times 5 = 1.25(工日/m^3)$$

43. 解答：

计算期（年）	0	1	2	3	4	5	6	7	8
现金流入（万元）		—	—	800	1200	1200	1200	1200	1200
现金流出（万元）	—	600	900	500	700	700	700	700	700
净现金流量（万元）	-600	-900	300	500	500	500	500	500
累计净现金流量（万元）	-600	-1500	-1200	-700	-200	300	800	1300

$$投资回收期 = 5 + \frac{|-200|}{500} = 5.4(年)$$

48. 解答：

$$Z_j = C_j + P_j \cdot R_c$$

$$Z_{甲} = 45 + 180 \times 12\% = 66.6(万元)$$

$$Z_{乙} = 40 + 220 \times 12\% = 66.4(万元)$$

52. 解答：

$$Q^* = \sqrt{\frac{2KD}{K_2}} = \sqrt{\frac{2 \times 4000 \times 2000}{200}} \approx 282.8(吨)$$

54. 解答：

$$\frac{2\%}{1-2\%} \times \frac{360}{30-10} \approx 36.73\%$$

56. 解答：

$$S_{投资} = \frac{净现值的变化率}{建设投资的变化率} = \frac{\frac{505-564}{564}}{10\%} \approx -1.05$$

$$S_{收入} = \frac{净现值的变化率}{营业收入的变化率} = \frac{\dfrac{735-564}{564}}{10\%} \approx 3.03$$

$$S_{成本} = \frac{净现值的变化率}{经营成本的变化率} = \frac{\dfrac{516-564}{564}}{10\%} \approx -0.85$$

2014年真题

一、单项选择题（共 60 题，每题 1 分。每题的备选项中，只有 1 个符合题意）

1. 施工图预算审核时，利用房屋建筑工程标准层建筑面积数对楼面找平层、顶棚抹灰等工程量进行审查的方法，属于（   ）。教材 P224

    A. 分组计算审查法   B. 重点审查法   C. 筛选审查法   D. 对比审查法

2. 某项目建设期 2 年，建设期内第 1 年贷款 700 万元，第 2 年贷款 600 万元，年内均衡发放，且只计息不还款，年利率为 8%。则编制该项目的投资估算时，建设期利息总和为（   ）万元。教材 P168

    A. 104.00   B. 110.24   C. 114.94   D. 155.84

3. 为了进行盈亏平衡分析，需要将技术方案的运行成本划分为（   ）。教材 P34

    A. 历史成本和现时成本   B. 过去成本和现在成本   C. 预算成本和实际成本   D. 固定成本和可变成本

4. 根据《建设工程工程量清单计价规范》GB 50500—2013，关于工程量清单编制的说法，正确的是（   ）。教材 P246

    A. 综合单价包括应由招标人承担的全部风险费用   B. 招标文件提供了暂估单价的材料，其材料费用应计入其他项目清单费   C. 措施项目费包括规费、税金等在内   D. 规费和税金必须按有关部门的规定计算，不得作为竞争性费用

5. 根据《企业会计准则第 15 号——建造合同》，属于工程成本直接费用的是（   ）。教材 P101

    A. 管理费用   B. 销售费用   C. 财务费用   D. 人工费用

6. 某租赁设备买价 50 万元，租期 5 年，每年年末支付租金，折现率 10%，附加率 5%，则按附加率法计算每年的租金应为（   ）万元。教材 P66

    A. 20.0   B. 17.5   C. 15.0   D. 12.5

7. 甲公司从银行借入 100 万元，年利率为 8%，单利计息，借期 4 年，到期一次还本付息，则该公司第 4 年末一次偿还的本利和为（   ）万元。教材 P4

    A. 136.0   B. 132.4   C. 132.0   D. 116.0

8. 根据《建设工程工程量清单计价规范》GB 50500—2013，分部分项工程清单综合单价应包含（   ）及一定范围内的风险费用。教材 P233

    A. 人工费、材料和工程设备费、施工机具使用费、企业管理费、利润   B. 人工费、材料费、施工机具使用费、企业管理费、规费   C. 人工费、材料和工

程设备费、施工机具使用费、规费、利润、税金　　D. 材料费、工程设备费、施工机具使用费、规费、税金、企业管理费

9. 对于完全由企业自有资金投资的技术方案，自主测定其基准收益率的基础主要是（　　）。**教材 P28**

A. 资金机会成本　　B. 资金成本　　C. 投资风险　　D. 通货膨胀

10. 根据现行《企业会计准则》，下列支出中应列为当期费用的是（　　）。**教材 P95**

A. 缴纳罚款　　B. 购买生产原料支出　　C. 计提固定资产减值准备
D. 股利分配支出

11. 关于国际工程投标报价中暂定金额的说法，错误的是（　　）。**教材 P305**

A. 暂定金额是业主在招标文件中明确规定了数额的一笔资金　　B. 承包商在投标报价时应将暂定金额计入工程总报价　　C. 暂定金额等同于暂估价
D. 承包商无权做主使用暂定金额

12. 计算企业应纳税所得额时，不能从收入中扣除的支出是（　　）。**教材 P121**

A. 销售成本　　B. 坏账损失　　C. 税收滞纳金　　D. 存货盘亏损失

13. 在资本金现金流量表中，列入现金流出项目的是（　　）。**教材 P44**

A. 政府补贴　　B. 借款本金偿还　　C. 回收固定资产余值　　D. 增值税销项税额

14. 关于设计概算的说法，错误的是（　　）。**教材 P202**

A. 设计概算是确定和控制建设工程项目全部投资的文件　　B. 编制设计概算不需考虑技术方案施工条件对投资的影响　　C. 如果设计概算值超过投资控制额，必须修改设计或重新立项审批　　D. 设计概算由项目设计单位负责编制，并对其编制质量负责

15. 某企业拟新建一项目，有 2 个备选方案技术均可行。甲方案投资 5000 万元。计算期 15 年，财务净现值为 200 万元；乙方案投资 8000 万元，计算期 20 年，财务净现值为 300 万元。则关于两方案比选的说法，正确的是（　　）。**教材 P26**

A. 甲、乙方案必须构造一个相同的分析期限才能比选　　B. 甲方案投资少于乙方案，净现值大于零，故甲方按较优　　C. 乙方案净现值大于甲方案，且都大于零，故乙方案较优　　D. 甲方案计算期短，说明甲方案的投资回收速度快于乙方案

16. 技术方案经济效果评价的主要内容是分析论证技术方案的（　　）。**教材 P15**

A. 技术先进性和经济合理性　　B. 技术可靠性和财务盈利性　　C. 财务盈利性和抗风险能力　　D. 财务可行性和经济合理性

17. 根据《建设工程工程量清单计价规范》GB 50500—2013，投标企业可以根据拟建工程的具体施工方案进行列项的清单是（　　）。教材 P246

    A. 分部分项工程量清单　　　B. 措施项目清单　　C. 其他项目清单　　D. 规费项目清单

18. 根据《建设工程工程量清单计价规范》GB 50500—2013，关于投标报价的说法，错误的是（　　）。教材 P246

    A. 暂列金额应按照招标工程量清单中列出的金额填写，不得变动　　B. 专业工程暂估价必须按照招标工程量清单中列出的金额填写　　C. 计日工应按照招标文件中的数量和单价计算总费用　　D. 总承包服务费应按照招标人的要求和现场管理需要自主确定

19. 某施工材料采购原价为 190 元/吨，运杂费为 40 元/吨，运输损耗率为 1%，采购保管费率为 3%，则该材料的单价为（　　）元/吨。教材 P174

    A. 234.28　　B. 237.66　　C. 239.20　　D. 239.27

20. 某施工企业按照 2/15、n/30 的信用条件购入货物 100 万元，该企业在第 28 天付款，则其放弃现金折扣的成本是（　　）。教材 P145

    A. 48.98%　　B. 56.51%　　C. 26.23%　　D. 8.33%

21. 采用清单计价的某分部分项工程，招标控制的综合单价为 320 元，投标报价的综合单价为 265 元，该工程投标报价下浮率为 5%，结算时，该分部分项工程工程量比清单量增加了 18%，且合同未确定综合单价调整方法，则综合单价的处理方式是（　　）。教材 P258

    A. 上浮 18%　　B. 下调 5%　　C. 调整为 292.5 元　　D. 可不调整

22. 完成某预算定额项目单位工程量的基本用工为 2.8 工日，辅助用工为 0.7 工日，超运距用工为 0.9 工日，人工幅度差系数为 10%，该定额的人工工日消耗量为（　　）工日。教材 P194

    A. 4.84　　B. 4.75　　C. 4.56　　D. 4.68

23. 因暴雨引发山体滑坡而实施的公路交通紧急抢修项目，其合同计价方式宜采用（　　）。教材 P250

    A. 固定总价合同　　　B. 固定单价合同　　　C. 可调单价合同　　　D. 成本加酬金合同

24. 建造合同收入包括规定的初始收入和（　　）形成的收入。教材 P112

    A. 材料销售　　B. 合同变更、索赔、奖励　　C. 让渡资产使用权　　D. 合同变更、劳务作业

25. 下列现金收支管理措施中，能提高现金利用效率的是（　　）。教材 P151

A. 充分使用现金浮游量   B. 推迟应收账款收款时间   C. 争取使现金流入的时间晚一些，现金流出的时间尽可能早一些   D. 提前应付款的支付期

26. 预算定额作为一项综合性定额，是由组成（   ）的消耗量综合而成的。教材P181

A. 分部工程的各分项工程   B. 单位工程的各分部工程   C. 分项工程的各工序   D. 分项工程的各检验批

27. 关于融资租赁的说法，正确的是（   ）。教材P150

A. 融资租赁的出租人应将租赁资产列入其资产负债表   B. 承租人支付的租赁费中的利息不能在企业所得税前扣除   C. 融资租赁的承租人应当采用与自有固定资产一样的折旧政策计提租赁资产折旧   D. 融资租赁的承租人可随时退租

28. 实物量法编制施工图预算时，计算并复核工程量后紧接着进行的工作是（   ）。教材P220

A. 套定额单价，计算人料机费用   B. 套消耗定额，计算人料机消耗量   C. 汇总人料机费用   D. 计算管理费等其他各项费用

29. 关于联合试运转费的说法，正确的是（   ）。教材P166

A. 联合试运转费包括单机的调试费   B. 联合试运转费包括单机安装后试运转中因施工质量原因发生的处理费用   C. 联合试运转费应为联合试运转所发生的费用净支出   D. 联合试运转支出主要是材料费，不包含人工费

30. 采用工程量清单招标时，提供招标工程量清单并对其完整性和确定性负责的单位是（   ）。教材P226

A. 发布招标文件的招标人   B. 发放招标文件的招标代理人   C. 单的工程造价咨询人   D. 招标人的上级管理单位

31. 关于施工企业确定工程成本核算对象的说法，正确的是（   ）。教材P103

A. 单项建造合同作为施工工程成本核算的对象   B. 工程成本核算对象宜在开工前确定,也可以开工后再确定   C. 不能按分立合同来确定工程成本核算对象   D. 不能按合并合同来确定工程成本核算对象

32. 某投资者6年内每年年末投资500万元。若基准收益率为8%，复利利息，则6年末可一次性回收的本利和为（   ）万元。教材P10

A. $500 \times \frac{(1+8\%)^6 - 1}{8\% \times (1+8\%)}$ B. $500 \times \frac{(1+8\%)^6 - 1}{8\%}$

C. $500 \times \dfrac{8\%}{(1+8\%)^6-1}$ D. $500 \times \dfrac{8\% \times (1+8\%)}{(1+8\%)^6-1}$

33. 某企业利用借购买的一台生产设备，每期按规定提取折旧费 15 万元，每期借款利息 3 万元，该企业营业税金及附加率为 5.5%，所得税税率为 25%，则企业购买该项设备带来的每期税收节约为（   ）万元。**教材 P68**

　　A. 5.49　　B. 4.58　　C. 4.50　　D. 3.75

34. 关于财务内部收益率的说法，正确的是（   ）。**教材 P27**

　　A. 财务内部收益率大于基准收益率时，技术方案在经济上可以接受　　B. 财务内部收益率是一个事先确定的基准折现率　　C. 财务内部收益率受项目外部参数的影响较大　　D. 独立方案用财务内部收益率评价与财务净现值评价，结论通常不一致

35. 某技术方案的设计年产量为 8 万件，单位产品销售价格为 100 元/件，单位产品可变成本为 20 元/件，单位产品营业税金及附加为 5 元/件，按设计生产能力生产时，年利润为 200 万元，则该技术方案的盈亏平衡点产销量为（   ）万件。**教材 P37**

　　A. 5.33　　B. 5.00　　C. 4.21　　D. 4.00

36. 关于单价合同中工程计量的说法，正确的是（   ）。**教材 P252**

　　A. 单位合同应予计量的工程量是承包人实际施工的工程量　　B. 承包人因自身原因造成返工的工程量应予计量　　C. 工程计量应以设计图纸为依据　　D. 承包人为保证工程质量超过图纸要求的工程量应予计量

37. 某施工机械购置费用为 120 万元，折旧年限为 6 年，年平均工作 250 个台班，预计净残值率为 3%，按工作台班法提折旧，该机械台班折旧费为（   ）元。**教材 P99**

　　A. 800　　B. 776　　C. 638　　D. 548

38. 关于价值工程中功能区的价值系数的说法，正确的是（   ）。**教材 P79**

　　A. 价值系数越大越好　　B. 价值系数大于 1 表示评价对象存在多余功能　　C. 价值系数等于 1 表示评价对象的价值为最佳　　D. 价值系数小于 1 表示现实成本较低，而功能要求较高

39. 施工企业按照规定标准对采购的建筑材料进行一般性鉴定、检查发生的费用应计入（   ）。**教材 P171**

　　A. 材料费　　B. 企业管理费　　C. 人工费　　D. 措施项目费

40. 根据会计核算原则，在现值计量下，负债应按照预计期限内需要偿还的未来（   ）计量。**教材 P88**

　　A. 净现金流入量的折现金额　　B. 净现金流出量的公允价值　　C. 净现金流入量的可变现净值　　D. 净现金流出量的折现金额

41. 某现浇混凝土框架结构工程，施工现场的存货采用 ABC 分析法管理，应该实施严格控制的存货是（　　）。教材 P155

    A. 砂子　　B. 石子　　C. 钢筋　　D. 模板

42. 按照国际工程投标报价的程序，投标人在标前会议之前应该进行的工作是（　　）。教材 P297

    A. 分包工程询价　　B. 人工、材料、机械基础单价计算　　C. 生产要素询价

    D. 进行各项调查研究

43. 在价值工程活动中，描述某一个产品零部件"是干什么用的？"，属于（　　）。教材 P73

    A. 产品功能分析　　B. 产品结构分析　　C. 对象选择　　D. 产品设计

44. 编制设备安装工程概算，当初步设计的设备清单不完备，可供采用的安装预算单价及扩大综合单价不全时，适宜采用的概算编制方法是（　　）。教材 P209

    A. 概算定额法　　B. 扩大单价法　　C. 类似工程预算法　　D. 概算指标法

45. 在机械工作时间消耗分类中，由于人工装料数量不足引起的机械不能满负荷工作的时间属于（　　）。教材 P190

    A. 有根据地降低负荷下的工作时间　　B. 机械的多余工作时间　　C. 正常负荷下的有效工作时间　　D. 低负荷下的工作时间

46. 新技术应用方案的技术分析是通过对其技术特性和条件指标进行对比与分析完成的，下列指标中，属于反映方案技术特征的指标是（　　）。教材 P82

    A. 施工专业化协作　　B. 方案生产能力　　C. 构配件供应保证率　　D. 方案占地面积

47. 施工企业收取的下列款项中，不能计入企业收入的是（　　）。教材 P109

    A. 代扣职工个人的所得税　　B. 收到的工程价款　　C. 转让施工技术取得的收入　　D. 售价材料价款收入

48. 根据《建设工程工程量清单计价规范》CB 50500—2013，当合同中没有约定时，对于任一招标工程量清单项目，如果因工程变更等原因导致工程量偏差超过（　　）时，合同单价应进行调整。教材 P257

    A. 20%　　B. 15%　　C. 10%　　D. 5%

49. 下列费用中，属于建筑安装工程费中措施项目费的是（　　）。教材 P173

    A. 施工机具使用费　　B. 暂列金额　　C. 工程定位复测费　　D. 工程排污费

50. 某造价合同总价为 6000 万元，合同工期 3 年，若第 1 年完工进度为 20%，第

2 年完工进度为 60%，第 3 年工程全部完工交付使用。则第 3 年应确认的合同收入为
（　）万元。**教材 P115**

    A. 6000　　　B. 3600　　　C. 2400　　　D. 1200

51. 可以采用大修理方式进行补偿的设备磨损是（　）。**教材 P57**

    A. 不可消除性有形磨损　　　B. 第一种无形磨损　　　C. 可消除性有形磨损

    D. 第二种无形磨损

52. 投标人经复核，认为招标人公布的招标控制价未按照《建设工程工程量清单计
价规范》GB 50500—2013 的规定进行编制的，应在招标控制价公布后（　）天内向招
投标监督机构和工程造价管理机构投诉。**教材 P242**

    A. 10　　　B. 7　　　C. 5　　　D. 3

53. 某部分分项工程的清单编码为 010302004014，则该分部分项工程的清单项目
顺序码为（　）。**教材 P227**

    A. 01　　　B. 014　　　C. 03　　　D. 004

54. 某技术方案总投资 1500 万元，其中资本金 1000 万元，运营期年平均利息 18
万元，年平均所得税 40.5 万元。若项目总投资收益率为 12%，则项目资本金净利润率
为（　）。**教材 P21**

    A. 16.20%　　　B. 13.95%　　　C. 12.15%　　　D. 12.00%

55. 对于同类型产品规格多、工序复杂、工作量小的施工过程，若已有部分产品施
工的人工定额，则其他同类型产品施工人工定额的制定适宜采用的方法是（　）。**教材
P186**

    A. 比较类推法　　　B. 技术测定法　　　C. 统计分析法　　　D. 经验估计法

56. 某企业拟从银行取得一笔贷款 2000 万元，期限 3 年，每年年末付息，到期一
次还本。有 4 家银行提出的贷款条件见下表：

费率银行	甲	乙	丙	丁
手续费率	0.1%	0.2%	0.5%	0.2%
年利率	7%	8%	6%	7.5%

该企业所得税率为 25%，仅从资金成本的角度考虑，该企业应从（　）银行贷款。**教
材 P143**

    A. 甲　　　B. 乙　　　C. 丙　　　D. 丁

57. 财务会计的基本职能是（　）。**教材 P87**

    A. 核算和预测　　　B. 预算和决算　　　C. 监督和决策　　　D. 核算和监督

58. 名义利率 12%，每季度付利息一次，则实际年利率为（　）。**教材 P13**

    A. 12.68%　　　B. 12.55%　　　C. 12.49%　　　D. 12.00%

59. 某工程承包合同总额为 9000 万元，主要材料及构件所占比重为 60%，工程预付款为合同总额的 20%，则工程预付款起扣点为（　　）万元。教材 P280

    A. 1800　　　B. 3600　　　C. 5400　　　D. 6000

60. 利润表是反映（　　）的财务报表。教材 P129

    A. 一定会计期间资产盈利能力　　　B. 一定会计期间经营成果　　　C. 某一会计时点财务状况　　　D. 一定会计期间财务状况

二、多项选择题（共 20 题，每题 2 分，每题的备选项中，有 2 个或 2 个以上符合题意，至少有 1 个错项，错选，本题不得分；少选，所选的每个选项得 0.5 分）

61. 根据现行《企业会计准则》，企业在财务报表显著位置至少应披露的项目有（　　）。教材 P125

    A. 编报企业名称　　　B. 资产负债表日或会计报表涵盖的会计期间　　　C. 人民币金额单位　　　D. 企业财务负责人姓名　　　E. 是否合并会计报表

62. 确定建造（施工）合同完工进度的方法有（　　）。教材 P114

    A. 根据实际合同收入与预计收入的比例确定　　　B. 根据累计实际发生的合同成本占合同预计总成本的比例确定　　　C. 根据已经完成的合同工作量占合同预计总工作量的比例确定　　　D. 根据已经完成合同工作的技术测量确定

    E. 根据合同初始价格与工程预算价格的比例确定

63. 国际工程投标总报价组成中，应计入现场管理费的有（　　）。教材 P302

    A. 差旅交通费　　　B. 临时设施工程费　　　C. 工程辅助费　　　D. 劳动保护费

    E. 检验试验费

64. 价值工程中，不符合用户要求的功能成为不必要功能，包括（　　）。教材 P76

    A. 辅助功能　　　B. 多余功能　　　C. 重复功能　　　D. 次要功能　　　E. 过剩功能

65. 分析企业债务清偿能力时。可列入速动资产的有（　　）。教材 P138

    A. 货币资金　　　B. 应收票据　　　C. 应收账款　　　D. 交易性金融资产

    E. 存货

66. 下列导致现有设备贬值的情形中，属于设备无形磨损的有（　　）。教材 P56

    A. 设备连续使用导致零部件磨损　　　B. 设备长期闲置导致金属件锈蚀

    C. 同类设备的再生产价值降低　　　D. 性能更好耗费更低的替代设备出现

    E. 设备使用期限过长引起橡胶件老化

67. 根据《标准施工招标文件》，下列事件中，承包人向发包人既可索赔工期又可索赔费用的有（　　）。教材 P272

A. 发包人原因导致工程缺陷和损失　　B. 承包人遇到不利物质条件

C. 发包人要求向承包人提前交付工程设备　　D. 施工过程发现文物

E. 承包人遇到异常恶劣的气候条件

68. 如果计划在固定资产投入使用的前期提取较多的折旧，后期提取较少的折旧，适合采用的折旧方法有（　　）。教材 P99

A. 工作台班法　　B. 行驶里程法　　C. 双倍余额递减法　　D. 平均年限法

E. 年数总和法

69. 关于年有效利率的说法，正确的有（　　）。教材 P13

A. 当每年计息周期数大于 1 时，名义利率大于年有效利率　　B. 年有效利率比名义利率更能准确反映资金的时间价值　　C. 名义利率一定，计息周期越短，年有效利率与名义利率差异越小　　D. 名义率为 r，一年内计息 m 次，则计息周期利率为 $r-m$　　E. 当每年计息周期数等于 1 时，年有效利率等于名义利率

70. 项目经济评价时，若以总成本费用为基础计算经营成本，应从总成本费用中扣除的费用项目有（　　）。教材 P53

A. 折旧费　　B. 销售费用　　C. 摊销费　　D. 管理费用　　E. 利息支出

71. 根据《建筑安装工程费用项目组成》（建标[2013]44 号），下列费用中，属于规费的有（　　）。教材 P171

A. 工程排污费　　B. 安全施工费　　C. 环境保护费　　D. 住房公积金

E. 劳动保护费

72. 某技术方案经济评价指标对甲、乙、丙 3 个不确定因素的敏感度系数分别如为：-0.1、0.05、0.09，据此可以得出的结论有（　　）。教材 P41

A. 经济评价指标对于甲因素最敏感　　B. 甲因素下降 10%，方案达到盈亏平衡　　C. 经济评价指标与丙因素反方向变化　　D. 经济评价指标对于乙因素最不敏感　　E. 丙因素上升 9%，方案由可行转为不可行

73. 项目盈亏平衡分析中，若其他条件不变，可以降低盈亏平衡点产量的途径有（　　）。教材 P37

A. 提高设计生产能力　　B. 降低产品售价　　C. 提高营业税金及附加率

D. 降低固定成本　　E. 降低单位产品变动成本

74. 根据《建筑工程工程量清单计价规范》GB 50500—2013，工程量清单计价计算公式正确的有（　　）。教材 P233

A. 措施项目费＝∑措施项目工程量×措施项目综合单价　　B. 分部分项工程

费＝∑分部分项工程量×分部分项工程综合单价　　C. 单项工程造价＝∑单位工程造价　　D. 单位工程造价＝∑分部分项工程费　　E. 技术方案总造价＝∑单项工程造价＋工程建设其他费用＋建设期利息

75. 下列工程建设其他费用中，属于建设单位管理费的有（　　）。**教材 P163**

　　A. 工程招标费　　B. 可行性研究费　　C. 工程监理费　　D. 竣工验收费
　　E. 零星固定资产购置费

76. 编制预算定额人工消费指标时，下列人工消耗量属于人工幅度差用工的有（　　）。**教材 P194**

　　A. 施工过程中水电维修用工　　B. 隐蔽工程验收影响的操作时间　　C. 现场材料水平搬运用工　　D. 现场材料加工用工　　E. 现场筛砂子增加的用工量

77. 企业短期筹资时，贷款的实际利率高于名义利率的利息支付方法有（　　）。**教材 P147**

　　A. 收款法　　B. 贴现法　　C. 固定利率法　　D. 浮动利率法　　E. 加息法

78. 反映企业某一时点财务状况的会计要素有（　　）。**教材 P92**

　　A. 资产　　B. 负债　　C. 所有者权益　　D. 利润　　E. 费用

79. 建筑安装工程施工图预算的编制依据（　　）。**教材 P217**

　　A. 中标通知书　　B. 现场签证　　C. 工程地质勘察资料　　D. 技术方案施工组织设计　　E. 批准的设计概算

80. 下列经济效果评价指标中，属于盈利能力动态分析指标的有（　　）。**教材 P20**

　　A. 总投资收益率　　B. 财务净现值　　C. 资本金净利润率　　D. 财务内部收益率　　E. 速度比率

2014年真题答案及解析

一、参考答案

题号	答案	题号	答案	题号	答案	题号	答案	题号	答案
1	A	17	B	33	C	49	C	65	ABCD
2	B	18	C	34	A	50	C	66	CD
3	D	19	D	35	A	51	C	67	BD
4	D	20	A	36	C	52	C	68	CE
5	D	21	D	37	B	53	B	69	BE
6	B	22	A	38	C	54	C	70	ACE
7	C	23	D	39	B	55	A	71	AD
8	A	24	B	40	D	56	C	72	AD
9	A	25	A	41	C	57	D	73	DE
10	B	26	C	42	D	58	B	74	BC
11	C	27	C	43	A	59	C	75	ADE
12	C	28	B	44	D	60	B	76	AB
13	B	29	C	45	D	61	ABCE	77	BE
14	B	30	A	46	B	62	BCD	78	ABC
15	A	31	A	47	A	63	ADE	79	CDE
16	D	32	B	48	B	64	BCE	80	BD

二、部分真题讲解

2. 解答：

$$第一年利息 = \frac{1}{2} \times 700 \times 8\% = 28（万元）$$

$$第二年利息 = (700 + 28 + \frac{1}{2} \times 600) \times 8\% = 82.24（万元）$$

$$建设期利息 = 28 + 82.24 = 110.24（万元）$$

6. 解答：

$$R = \frac{50}{5} + 50 \times 10\% + 50 \times 5\% = 17.5（万元）$$

7. 解答：

$$F = P + I = P + P \cdot i \cdot n = 100 + 100 \times 8\% \times 4 = 132（万元）$$

19. 解答：

材料单价 $=(190+40)\times(1+1\%)\times(1+3\%)=239.27$（元/吨）

20. 解答：

$$\frac{2\%}{1-2\%}\times\frac{360}{30-15}=48.98\%$$

21. 解答：

$$\frac{265}{320}=82.8\%,\ \text{偏差为}17.2\%$$

$$320\times(1-5\%)\times(1-15\%)=258.4\text{（元）}$$

265元 > 258.4元，故综合单价不予调整

22. 解答：

人工工日消耗量 $=(2.8+0.7+0.9)\times(1+10\%)=4.84$（工日）

32. 解答：

$$F=A\cdot(F/A,i,n)=A\cdot\frac{(1+i)^n-1}{i}=500\times\frac{(1+8\%)^6-1}{8\%}$$

33. 解答：

税收节约 $=($折旧$+$贷款利息$)\times$所得税税率 $=(15+3)\times25\%=4.5$（万元）

35. 解答：

$$200=(100-20-5)\times8-C_F$$

解得 $C_F=400$（万元）

$$BEP(Q)=\frac{400}{100-20-5}=5.33\text{（万件）}$$

37. 解答：

$$\text{每台班折旧费}=\frac{120\times(1-3\%)\times10000}{6\times250}=776\text{（元）}$$

54. 解答：

$$\text{总投资收益率}=12\%=\frac{\text{年净收益}}{1500}=\frac{\text{年收入}-\text{年经营成本}}{1500}$$

解得年净收益 $=180$（万元）

$$\text{资本金净利润率}=\frac{\text{年净利润}}{\text{资本金}}=\frac{180-40.5-18}{1000}=12.15\%$$

56. 解答：

$$向甲银行贷款的资金成本率 = \frac{7\% \times (1-25\%)}{1-0.1\%} = 5.26\%$$

$$向乙银行贷款的资金成本率 = \frac{8\% \times (1-25\%)}{1-0.2\%} = 6.01\%$$

$$向丙银行贷款的资金成本率 = \frac{6\% \times (1-25\%)}{1-0.5\%} = 4.52\%$$

$$向丁银行贷款的资金成本率 = \frac{7.5\% \times (1-25\%)}{1-0.2\%} = 5.64\%$$

58. 解答：

$$季度 i = \frac{12\%}{4} = 3\%$$

$$年 i_{eff} = (1+3\%)^4 - 1 = 12.55\%$$

59. 解答：

$$T = 9000 - \frac{9000 \times 20\%}{60\%} = 6000（万元）$$

模拟卷及解析

2015年模拟卷一

一、单项选择题（共 60 题，每题 1 分。每题的各选项中，只有 1 个最符合题意）

1. 某工程的设备及工器具购置费为 2000 万元，建筑安装工程费为 2600 万元，工程建设其他费为 1200 万元，基本预备费费率为 5%，该项目的基本预备费为（　　）万元。教材 P167

    A. 160　　　B. 190　　　C. 230　　　D. 290

2. 在资金等值计算中，下列表述不正确的是（　　）。教材 P7

    A. F 一定，n 相同，i 越高，P 越大　　　B. F 一定，i 相同，n 越大，P 越小　　　C. P 一定，i 相同，n 越大，F 越大　　　D. P 一定，i 越高，n 相同，F 越大

3. 某项目在一个经营年度固定资产折旧费 540 万元，无形资产摊销 38 万元，外购原材料、燃料和动力费 1100 万元，工资及福利费 500 万元，修理费 50 万元，水电办公费 40 万元，利息支出 80 万元。则该项目年度经营成本为（　　）万元。教材 P53

    A. 1600　　　B. 1640　　　C. 1650　　　D. 1690

4. 某进口设备按人民币计算，离岸价为 2000 万元，到岸价为 2100 万元，银行手续费为 10 万元，进口关税为 210 万元，消费税为零，增值税税率为 17%，则其增值税额为（　　）万元。教材 P160

    A. 357.7　　　B. 377.4　　　C. 392.7　　　D. 394.4

5. 施工项目墙体砌筑所用的砂子在运输过程中不可避免的损耗，应计入（　　）。教材 P170

    A. 企业管理费　　　B. 二次搬运费　　　C. 材料费　　　D. 措施费

6. 财务计划现金流量表用于计算技术方案的累计盈余资金，分析技术方案的（　　）。教材 P46

    A. 盈利能力　　　B. 偿债能力　　　C. 财务生存能力　　　D. 发展能力

7. 国际工程中，在不影响投标总报价的前提下，将某些较早施工的分部分项工程的单价报得比正常水平高一些，将某些较晚施工的分部分项工程的单价报得比正常水

平低一些。这种报价方法称为（　　）。教材P310

　　A. 多方案报价法　　　B. 突然降价法　　　C. 先亏后盈法　　　D. 不平衡报价法

　　8. 某工程合同总价 1000 万元，定值权重 0.3，合同基准日期为 2009 年 5 月。经测算，调值的费用中，人工费和钢材分别占调值部分工程款的 40% 和 30%。2010 年 1 月结算 2009 年完成的工程款占合同总价的 30%。人工费、钢材在 2009 年 5 月的价格指数分别为 100 和 150，2009 年 12 月的价格指数分别为 110 和 180。2010 年 1 月结算工程款需调整的价格差额为（　　）万元。教材P260

　　A. 21　　　B. 30　　　C. 321　　　D. 330

　　9. 总投资收益率计算公式为：总投资收益率=年息税前利润或年平均息税前利润/项目总投资×100%，下列说明正确的是（　　）。教材P21

　　A. 年息税前利润=年产品销售收入—年总成本费用　　　B. 年息税前利润=年净利润+利息支出　　　C. 项目总投资=建设投资+建设期贷款利息+全部流动资金　　　D. 项目总投资=建设投资+建设期贷款利息+铺底流动资金

　　10. 运用价值工程对某一产品各功能区进行功能评价时，下列说法不正确的是（　　）。教材P79

　　A. $V_i=1$，功能比重与成本比重大致平衡，合理匹配，则此功能区不需改进

　　B. $V_i<1$，成本比重小于其功能比重，可能由于现实成本偏低，不能满足评价对象实现其必要功能的要求，致使功能偏低，则此功能区不需改进　　　C. $V_i>1$，成本比重小于其功能比重，可能由于对象目前具有的功能已经超过了其应该具有的水平，也即存在过剩功能，则此功能区需要改进　　　D. $V_i>1$，成本比重小于其功能比重，可能由于对象在技术、经济等方面具有某些特征，在客观上存在着功能很重要而需要消耗的成本却很少的情况，则此功能区不需改进

　　11. 筹资活动流出的现金不包括（　　）。教材P132

　　A. 偿还债务所支付的现金　　　B. 分配股利支付的现金　　　C. 偿付利息支付的现金　　　D. 支付的各种税费

　　12. 某项目建设期为 2 年，在建设期第 1 年贷款 2000 万元，第 2 年贷款 3000 万元，贷款年利率为 8%，则该项目的建设期贷款利息为（　　）万元。教材P168

　　A. 286.40　　　B. 366.40　　　C. 560.00　　　D. 572.80

　　13. 以下属于施工企业流动负债的是（　　）。教材P145

　　A. 建设单位预付工程款　　　B. 长期待摊费用　　　C. 其他应收款　　　D. 预付账款

14. 甲材料全年需求量 90000 件，材料单价 300 元，一次订货成本 240 元，每件材料年平均储备成本 1.20 元，年缺货成本 3000 元。甲材料的经济采购批量为（ ）件。教材 P155

　　A. 5000　　B. 6000　　C. 9000　　D. 10000

15. 砂浆搅拌机工作时，由于工人没有及时供料而使机械空转的时间属于机械工作时间消耗中的（ ）。教材 P190

　　A. 有效工作时间　　B. 非施工本身造成的停工时间　　C. 多余工作时间

　　D. 低负荷下工作时间

16. 对客观经济活动的表述和价值数量上的确定，为管理经济提供所需的会计信息。这是财务会计的（ ）职能。教材 P87

　　A. 会计核算　　B. 会计主体　　C. 会计监督　　D. 会计假设

17. 某项目净现金流量见下表，则项目的静态投资回收期为（ ）年。教材 P24

计算期（年）	1	2	3	4	5	6	7	8	9
净现金流量（万元）	−800	−1200	400	600	600	600	600	600	600

　　A. 5.33　　B. 5.67　　C. 6.33　　D. 6.67

18. 某进口设备按人民币计算，离岸价为 830 万元，到岸价 920 万元，银行财务费费率 0.5%，外贸手续费 1.38 万元，增值税 168.72 万元，进口设备检验鉴定费为 3 万元，进口关税税率 20%，则该进口设备的抵岸价为（ ）万元。教材 P159

　　A. 1188.26　　B. 1278.25　　C. 1281.26　　D. 1260.26

19. 某机器原始费用 2000 万元，残值固定为 300 万元，第一年运行费为 1000 万元，低劣化值 200 万元，不计利息，这设备的经济寿命为（ ）年。教材 P62

　　A. 4.47　　B. 4.12　　C. 1.68　　D. 2.06

20. 根据权责发生制原则，以下说法中正确的是（ ）。教材 P90

　　A. 凡是当期已经收到的款项，就应当作为当期收入　　B. 凡是当期已经实现的收入，即使款项尚未收到，也应当作为当期收入　　C. 施工企业收到建设单位支付的预付工程款、预付备料款，即应作为当期收入　　D. 凡是当期已经支付的费用，就应当作为当期费用

21. 对于独立的常规投资项目，下列描述中错误的是（ ）。教材 P26

　　A. 财务净现值随折现率的增大而增大　　B. 财务内部收益率是财务净现值等于零时的折现率　　C. 财务内部收益率与财务净现值的评价结论是一致的

　　D. 财务内部收益率考虑了项目在整个计算期的经济状况

22. 下列属于变动成本的是（ ）。教材 P34

A. 折旧费　　B. 长期借款利息　　C. 短期借款利息　　D. 燃料、动力消耗

23. 预算定额中的工料单价是指完成定额计量单位的分部分项工程所需的（　　）费用标准。教材 P196

A. 人工费、材料费　　B. 人工费、材料费、机械使用费　　C. 人工费、材料费、措施费　　D. 人工费、材料费、机械使用费、措施费

24. 某企业从设备租赁公司租借一台设备,该设备的价格为 48 万元,租期为 6 年,折现率为 12%。若按年金法计算,则该企业每年年末等额支付和每年年初等额支付的租金分别为（　　）万元。教材 P67

A. 11.67 和 10.42　　B. 10.42 和 9.31　　C. 8.96 和 8.00　　D. 15.79 和 14.10

25. 增量投资收益率指标在各年成本的降低额($C_{旧}-C_{新}$)相同时的公式为（　　）。教材 P83

A. $R_{(新-旧)}=\dfrac{I_{新}-I_{旧}}{C_{旧}-C_{新}}$　　B. $R_{(新-旧)}=\dfrac{C_{旧}-C_{新}}{I_{新}-I_{旧}}$

C. $R_{(新-旧)}=\dfrac{I_{新}-I_{旧}}{C_{新}-C_{旧}}$　　D. $R_{(新-旧)}=\dfrac{C_{新}-C_{旧}}{I_{新}-I_{旧}}$

26. 某独立土方工程按《建设工程工程量清单计价规范》GB 50500—2013 计价,招标文件中预计工程量 150 万 m^3,合同中规定:土方工程单价 30 元/m^3,当实际工程量减少超过估计工程量15%时,减少后剩余部分工程量的价格调整为 35 元/m^3。工程完成后实际工程量 130 万 m^3,则该土方工程的结算工程款为（　　）万元。教材 P257

A. 3900　　B. 4500　　C. 4550　　D. 5250

27. 计算利润总额的正确公式是（　　）。教材 P117

A. 营业收入—营业成本—营业税金及附加—管理费用—财务费用+投资收益

B. 主营业务利润+其他业务利润—管理费用—财务费用+投资收益　　C. 营业利润+营业外收入—营业外支出　　D. 营业利润+营业外收入—营业外支出—所得税费用

28. 某公司向银行借款,贷款年利率为 6%,每半年计息一次。第 1 年初借款 100 万元,第 2 年末又借款 200 万元。两笔借款均在第 3 年末还本付息,则还款金额为（　　）万元。教材 P13

A. 324.54　　B. 331.10　　C. 331.59　　D. 343.82

29. 建筑安装工程一切险应列入技术方案总投资中的（　　）。教材 P165

A. 建筑安装工程费中的规费　　B. 建筑安装工程费中的企业管理费

C. 基本预备费　　D. 工程建设其他费中的与项目建设有关的其他费

30. "2/10，1/20，n/30"表示：若在信用期间内超过（　　）天付款，则不享受折扣。教材 P145

　　A. 2　　B. 10　　C. 20　　D. 30

31. 在项目财务评价中，当借款偿还期（　　）时，即认为方案具有清偿能力。P31

　　A. 小于基准投资回收期　　B. 大于基准投资回收期　　C. 小于贷款机构要求期限　　D. 大于贷款结构要求期限

32. 某项目设计生产能力为 50 万件/年，预计单位产品售价为 150 元，单位产品可变成本为 130 元，固定成本为 400 万元，该产品营业税金及附加的合并税率为 5%。则用产销量表示的盈亏平衡点是（　　）万件。教材 P37

　　A. 14.55　　B. 20.60　　C. 29.63　　D. 32.00

33. 财务状况是指企业在某一日期资产、负债、所有者权益的情况，即经营资金的来源和分布情况，一般通过（　　）反映。教材 P126

　　A. 资产负债表　　B. 现金流量表　　C. 利润表　　D. 损益表

34. 某当年完工的工程项目，建筑安装工程费 2000 万元，设备工器具购置费 3000 万元，工程建设其他费 600 万元，基本预备费率 5%，涨价预备费率 3%，建设期贷款利息 180 万元，铺底流动资金 400 万元，则该项目的建设投资为（　　）万元。教材 P156

　　A. 6210　　B. 6330　　C. 6348　　D. 6610

35. 在下列各项中，反映企业经营成果的会计要素有（　　）。教材 P92

　　A. 资产　　B. 负债　　C. 所用者权益　　D. 利润

36. 某投资方案计算期 5 年，各年净现金流量见下表，取基准投资率为 10%时，到第 5 年末恰好收回全部投资，则该投资方案的内部收益率为（　　）。教材 P26

年份	0	1	2	3	4	5
净现金流量	—11.84	2.4	2.8	3.2	3.6	4

　　A. ＜10%　　B. ＝10%　　C. ＞10%　　D. 无法确定

37. 某当年完工的工程项目，建筑安装工程费 2000 万元，设备工器具购置费 3000 万元，工程建设其他费 600 万元，基本预备费率 5%，涨价预备费率 3%，建设期贷款利息 180 万元，铺底流动资金 400 万元，则该项目的静态投资部分为（　　）万元。教材 P157

　　A. 5600　　B. 5880　　C. 6030　　D. 6210

38. 某工程合同总收入 8000 万元，本期末止累计完成工程进度 80%，上年完成工程进度 30%，本期实际收到工程款 3000 万元，按完工百分比法计算当期的合同收入是（　　）万元。教材 P115

　　A. 2400　　B. 3000　　C. 4000　　D. 8000

39. 某工程钢筋加工有现场制作和外包加工 2 个方案,现场制作方案的固定费用 12 万元,每吨加工费用 150 元;外包加工每吨加工费用 250 元,则仅从经济上考虑时,外包加工方案的实用范围是钢筋总加工量在（   ）。**教材 P84**

    A. 大于 1200 吨   B. 不小于 1200 吨   C. 小于 1200 吨   D. 不大于 1200 吨

40. 企业处置无形资产净损失,计入当期的（   ）。**教材 P117**

    A. 管理费用   B. 损益   C. 投资损失   D. 营业外支出

41. 现选择将财务净现值作为某项目投资方案的敏感性分析对象,其结果如图 1-1 所示。则财务净现值对 3 种不确定因素 I、II、III 的敏感性从大到小的排列顺序为（   ）。**教材 P42**

    A. I—II—III   B. I—III—II   C. II—III—I   D. II—I—III

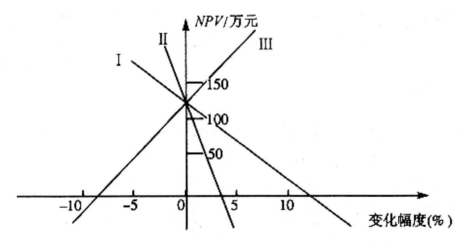

42. 与初步设计深度相适应,概算定额是在预算定额的基础上以（   ）为对象编制而成的,是作为编制修正设计概算的依据。**教材 P181**

    A. 扩大分部分项工程   B. 分项工程   C. 单项工程   D. 单位工程

43. 某企业资产总额 1000 万元,其中流动资产 300 万元,存货 100 万元;负债总额 400 万元,其中流动负债 200 万元。则企业的速动比率为（   ）。**教材 P138**

    A. 2   B. 1.5   C. 0.5   D. 1

44. 企业接受捐赠的资产,应计入（   ）。**教材 P91**

    A. 实收资本   B. 资本公积   C. 盈余公积   D. 未分配利润

45. 某企业从金融机构借款 100 万元,月利率 1%,按月复利计息,每季度付息一次,则该企业一年需向金融机构支付利息（   ）万元。**教材 P7**

    A. 12.00   B. 12.12   C. 12.55   D. 12.68

46. 大型机械设备进出场及安拆费中的辅助设施费用应计入（ ）。教材 P173

    A. 分部分项工程费   B. 其他项目费   C. 施工机械使用费   D. 措施项目费

47. 某大型设备原值 50 万元,折旧年限规定为 10 年,预计月平均工作 240 小时,预计净残值率为 5%。该设备某月实际工作 300 小时,则用工作量法计算的该月折旧额为（ ）元。教材 P99

    A. 4947.92   B. 4526.67   C. 4484.33   D. 4056.34

48. 某企业年初投资 3000 万元,10 年内等额回收本利,若基准收益率为 8%,则每年年末应回收的资金为（ ）万元。教材 P10

    已知:（F/A,8%,10）=14.49,（P/A,8%,10）=6.711,（P/F,8%,10）=2.159

    A. 324   B. 447   C. 507   D. 648

49. 某土方工程采用《建设工程工程量清单计价规范》GB 50500—2013 计价,招标人提供的工程量清单中挖土方的工程量为 2600m^3,投标人根据其施工方案计算出的挖土方作业量为 4300m^3,完成该分项工程的人、料、机费为 76000 元,企业管理费 20000 元,措施费 8000 元,利润 5000 元,规费 6000 元,税金 2000 元,不考虑风险因素,则根据已知条件,投标人应报给土方工程的综合单价为（ ）元/m^3。教材 P234

    A. 23.49   B. 27.21   C. 38.85   D. 45

50. 编制标准砖砌体材料消耗定额时,砖的消耗量应按（ ）确定。教材 P187

    A. 净用量   B. 净用量加损耗量   C. 一次损耗量   D. 损耗量加补损量

51. 公司平价发行长期债券融资 2 亿元,筹资费率 1%,债券年利率 5%,期限 3 年,单利计息,到期一次性还本付息,企业所得税率为 25%。这笔债券的资金成本率为（ ）。教材 P143

    A. 3.75%   B. 3.79%   C. 5%   D. 5.05%

52. 当法定盈余公积累计金额达到企业注册资本的（ ）,当年可以不再提取法定盈余公积。教材 P118

    A. 60%   B. 50%   C. 40%   D. 25%

53. 采用定额单价法和实物量法编制施工图预算的区别主要在于（ ）。教材 P221

    A. 计算工程量的方法不同   B. 计算人、料、机费用的方法不同   C. 计算企业管理费、规费的方法不同   D. 计算利润、税金的程序不同

54. 最终会导致企业资产的减少或负债的增加,最终会减少企业的所有者权益,具有此 2 个特征的是企业的（ ）。教材 P93

    A. 支出   B. 成本   C. 费用   D. 亏损

55. 在国际工程投标总报价的组成中,可以作为待摊费,也可以单列的是（ ）。教

材 P299

    A. 直接费　　B. 间接费　　C. 风险费　　D. 开办费

56. 施工企业为高空、井下、海上作业等特殊工种工人缴纳的工伤保险费属于（　　）。教材 P171

    A. 人工费　　B. 分部分项工程费　　C. 企业管理费　　D. 规费

57. 发包人应在工程开工后 28 天内预付给承包人不低于当年施工进度计划的安全文明施工费总额的（　　），其余部分按照提前安排的原则进行分解，与进度款同期支付。教材 P281

    A. 50%　　B. 60%　　C. 80%　　D. 100%

58. 某企业在第 1 年初向银行借款 300 万元用于购置设备，贷款年利率为 8%，每半年计息一次，今后 5 年内每年 6 月底和 12 月底等额还本付息。则该企业每次偿还金额为（　　）万元。教材 P14

    A. 35.46　　B. 36.85　　C. 36.99　　D. 37.57

59. 若初步设计有详细的设备清单，则编制单位设备及安装工程费设计概算时，可用于设备安装工程概算且精确性最高的方法是（　　）。教材 P209

    A. 预算单价法　　B. 扩大单价法　　C. 概算指标法　　D. 类似工程预算法

60. 措施项目费的计算方法之一是参数法计价，适于（　　）的计价。教材 P238

    A. 大型机械设备进出场及安拆费　　B. 脚手架费　　C. 垂直运输费

    D. 安全文明施工费

  二、多项选择题（共 20 题，每题 2 分。每题的备选项中，有 2 个或 2 个以上符合题意，至少有 1 个错项。错选，本题不得分；少选，所选的每个选项得 0.5 分）

61. 根据《建设工程工程量清单计价规范》GB 50500—2013，税金项目清单应包括（　　）。教材 P232

    A. 营业税　　B. 增值税　　C. 城市建设维护税　　D. 地方教育附加

    E. 教育费附加

62. 根据《建设工程工程量清单计价规范》GB 50500—2013 的规定，分部分项工程量清单应采用综合单价计价，其综合单价是由完成一个规定计量单位项目所需的（　　）等所组成。教材 P233

    A. 风险费　　B. 人工费、材料费、施工机具使用费　　C. 企业管理费

    D. 利润　　E. 税金

63. 由于设计变更导致工程暂停，实际工程量比工程量清单有所增加。承包人对施工机械使用费的索赔款项包括（　　）。教材 P271

    A. 由于完成新增工程量而增加的机械台班费　　B. 停工期间不可退租租赁设

备的租金 C. 租赁设备未及时进场造成的窝工费 D. 停工期间自有施工机械的折旧费 E. 执行设计变更时因机械故障停工维修而导致的窝工费

64. 下列说法正确的有（ ）。**教材 P26**

A. 基准收益率不应低于单位资金成本，但可低于投资的机会成本 B. 投资风险越大，基准收益率应越大 C. 通货膨胀率越大，基准收益率应越大 D. 基准收益率是投资者以动态的观点所确定的 E. 基准收益率是国家以动态的观点所确定的

65. 会计假设是对会计核算所处的时间、空间环境所做的合理设定，具体有( )。**教材 P89**

A. 会计监督 B. 会计期间 C. 货币计量 D. 会计主体 E. 持续经营

66. 人工费是指按工资总额构成规定，支付给从事建筑安装工程施工的生产工人和附属生产单位工人的各项费用，内容包括（ ）。**教材 P169**

A. 计时工资或计件工资 B. 奖金、津贴补贴 C. 辅助工资 D. 特殊情况下支付的工资 E. 加班加点工资

67. 下列对敏感性分析中的临界点理解正确的是（ ）。**教材 P41**

A. 是指项目允许不确定因素向不利方向变化的极限值 B. 超过临界点，项目的效益指标将不可行 C. 敏感性分析的目的在于寻求敏感因素，可以通过计算临界点来判断 D. 当单位产品价格下降到 50 元时，财务净现值为负数，则 50 元为临界点 E. 临界点可以用临界点百分比或临界值来表示，是判别敏感因素的绝对测定法

68. 下列有关工程预付款的说法，正确的是（ ）。**教材 P279**

A. 发包人拨付给承包人的工程预付款是预支的性质 B. 工程预付款用于承包人为工程施工购置材料、机械设备、修建临时设施、施工队伍进场等 C. 包工包料工程的预付款的支付比例不得低于签约合同价（扣除暂列金额）的 10%，不宜高于签约合同价（扣除暂列金额）的 20% D. 发包人应在收到承包人预付款支付申请的 7 天内向承包人支付预付款 E. 预付款常用的扣回方式有：等比率扣款、等额扣款、达到起扣点后扣款

69. 工程建设其他费用构成中，属于与未来生产经营有关的其他费用是（ ）。**教材 P166**

A. 联合试运转费 B. 研究试验费 C. 工程监理费 D. 办公和生活家具购置费 E. 生产人员培训费

70. 与购买设备相比较，融资租赁设备的不足主要有（　　）。教材 P64

　　A. 融资租赁合同规定严格，毁约代价高　　　B. 每年需支付租金，形成长期负债　　C. 使企业资产负债状况恶化　　　D. 租金可在所得税前扣除　　　E. 租期内承租人不能处置设备，不能用于担保、抵押等

71. 以下关于净资产收益率的说法中，正确的有（　　）。教材 P140

　　A. 净资产收益率是反映企业盈利能力的核心指标，该指标越高越好　　　B. 净资产收益率是反映企业资产管理能力的核心指标，该指标越高越好　　　C. 净资产收益率的分子是息税前利润总额　　　D. 该指标是杜邦财务分析体系的核心指标　　　E. 该指标的分母是平均净资产，即年初所有者权益与年末所有者权益的平均值

72. 对某产品开展价值工程活动，确定为改进对象的功能区一般是（　　）。教材 P79

　　A. 问题多的功能　　　B. 复杂的功能　　　C. 价值系数 V 小于 1 的功能

　　D. 寿命周期成本高的功能　　　E. 成本降低期望值 ΔC 值大的功能

73. 对于设备的经济寿命示意图，正确的说法是（　　）。教材 P59

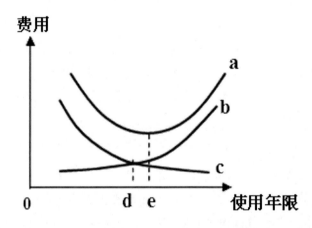

　　A. a 曲线表示年平均使用成本　　　B. b 曲线表示平均年度运行成本

　　C. c 曲线表示年资产消耗成本　　　D. d 点表示经济寿命　　　E. e 点表示经济寿命

74. 关于施工定额的说法，正确的有（　　）。教材 P181

　　A. 施工定额以同一性质的施工过程——工序作为研究对象　　　B. 施工定额属于企业定额的性质　　　C. 施工定额是编制施工预算的重要依据　　　D. 施工定额能够反映行业施工技术和管理的平均水平　　　E. 施工定额是建设工程定额的基础性定额

75. 某建筑公司与开户银行有多种借款业务，以下是借款合同协议中的相关条款：在正式协议下约定企业的信用额度为 8000 万元；年内企业水使用部分的余额，企业需向银行支付承诺费，承诺费率为 0.5%；企业在银行中保持按贷款限额 20% 计算的最低存款余额；贷款期内企业需按月等额偿还贷款。上述合同条款中，涉及的信用条件有（　　）。**教材 P146**

　　A. 信用额度　　B. 周转信贷协议　　C. 借款抵押　　D. 补偿性余额

　　E. 偿还条件

76. 下列各项，属于合同分立必须具备的条件的是（　　）。**教材 P112**

　　A. 每项资产的收入和成本可以单独辨认　　B. 每项资产单独计算利润率

　　C. 每项资产有独立的施工图预算　　D. 每项资产单独进行谈判　　E. 每项资产均有独立的建造计划

77. 以下关于工程量清单计价的说法中，正确的有（　　）。**教材 P243**

　　A. 投标人的投标报价不能高于招标人的招标控制价　　B. 招标人在分部分项工程量清单中提供工程量净量，承、发包双方结算时也按此工程量　　C. 投标人报的分部分项工程综合单价不含措施费、规费、税金、风险费　　D. 分部分项工程量清单中招标人提供的项目特征描述是投标人确定综合单价最重要的依据　　E. 投标人报价时依据的定额主要是预算定额

78. 采用工程量清单报价，下列计算公式正确的是（　　）。**教材 P233、234**

　　A. 分部分项工程综合单价＝（施工作业量的人、料、机费＋企业管理费＋利润＋风险费）÷工程净量　　B. 分部分项工程费＝∑分部分项工程量×分部分项工程综合单价　　C. 措施项目费＝∑措施项目工程量×措施项目综合单价

　　D. 其他项目费＝暂列金额＋暂估价＋计日工＋总承包服务费　　E. 单项工程报价＝分部分项工程费＋措施项目费＋其他项目费＋规费＋税金

79. 《建设工程工程量清单计价规范》GB 50500—2013 规定，分部分项工程项目清单应由招标人给出每一个清单项目的（　　）。**教材 P227**

　　A. 项目编码　　B. 项目特征描述　　C. 项目工程实际量　　D. 项目名称

　　E. 计量单位

80. 机械台班使用定额的编制中，必须消耗的时间包括（　　）。**教材 P190**

　　A. 低负荷下的工作时间　　B. 不可避免的无负荷工作时间　　C. 有根据地降低负荷下的工作时间　　D. 不可避免的工人休息时间　　E. 施工本身造成的停工时间

2015年模拟卷一答案及解析

一、参考答案

题号	答案	题号	答案	题号	答案	题号	答案	题号	答案
1	D	17	B	33	A	49	C	65	BCDE
2	A	18	B	34	A	50	B	66	ABDE
3	D	19	B	35	D	51	B	67	ABCE
4	C	20	B	36	B	52	B	68	ABE
5	C	21	A	37	B	53	B	69	ADE
6	C	22	D	38	C	54	C	70	ABE
7	D	23	B	39	C	55	D	71	ADE
8	A	24	A	40	D	56	D	72	ABCE
9	C	25	B	41	C	57	B	73	ABCE
10	B	26	A	42	A	58	C	74	ABCE
11	D	27	C	43	D	59	A	75	ABDE
12	B	28	C	44	B	60	D	76	ADE
13	A	29	D	45	B	61	ACDE	77	AD
14	B	30	C	46	D	62	ABCD	78	ABD
15	C	31	C	47	A	63	ABD	79	ABDE
16	A	32	D	48	B	64	BCD	80	BCD

二、部分模拟题解答

1. 解答:

基本预备费 = (2000 + 2600 + 1200) × 5% = 290(万元)

3. 解答:

经营成本 = 外购原材料、燃料和动力费 + 工资及福利 + 修理费 + 水电办公 = 1100 + 500 + 50 + 40 = 1690（万元）

4. 解答:

增值税 = (到岸价 + 关税 + 消费税) × 增值税税率

= (2100 + 210 + 0) × 17% = 392.7(万元)

8. 解答:

$$\Delta P = 1000 \times 30\% \times \left[\left(0.7 \times 40\% \times \frac{110}{100} + 0.7 \times 30\% \times \frac{180}{150} + 0.7 \times 30\% \times \frac{100}{100} \right) - 1 \right] = 21(万元)$$

12. 解答：

第一年利息 $= \dfrac{1}{2} \times 2000 \times 8\% = 80$（万元）

第二年利息 $= \left(2000 + 80 + \dfrac{1}{2} \times 3000\right) \times 8\% = 286.4$（万元）

建设期利息 $= 80 + 286.4 = 366.4$（万元）

14. 解答：

$$Q^* = \sqrt{\dfrac{2KD}{K_2}} = \sqrt{\dfrac{2 \times 240 \times 90000}{1.20}} = 6000（件）$$

17. 解答：

计算期（年）	1	2	3	4	5	6	7	8	9
净现金流量（万元）	−800	−1200	400	600	600	600	600	600	600
累计净现金流量（万元）	−800	−2000	−1600	−1000	−400	200	800	1400	2000

投资回收期 $= 5 + \dfrac{|-400|}{600} \approx 5.67$（年）

18. 解答：

抵岸价 $=$ 到岸价 $+$ 三个税 $+$ 两个费

$= 920 + 920 \times 20\% + 0 + 168.72 + 830 \times 0.5\% + 1.38 = 1278.25$（万元）

19. 解答：

$$N_0 = \sqrt{\dfrac{2 \cdot (P - L_N)}{\lambda}} = \sqrt{\dfrac{2 \times (2000 - 300)}{200}} \approx 4.12$（年）$$

24. 解答：

每年年末 $A = 48 \cdot (A/P, 12\%, 6) = 48 \times \dfrac{12\% \times 1.12^6}{1.12^6 - 1} = 11.67$（万元）

每年年初 $A' = \dfrac{A}{1 + i} = \dfrac{11.67}{1.12} = 10.42$（万元）

26. 解答：

预计工程量 $\times (1 - 15\%) = 150 \times (1 - 15\%) = 127.5$（万 m³）

实际工程量 130 万 m³ $>$ 127.5 万 m³，故不调整单价

土方工程结算款 $= 130 \times 30 = 3900$（万元）

32. 解答：

$$BEP(Q) = \frac{400}{150 - 130 - 150 \times 5\%} = 32（万件）$$

34. 解答：

基本预备费 $= (2000 + 3000 + 600) \times 5\% = 280（万元）$

涨价预备费 $= (2000 + 3000) \times \left[(1 + 3\%)^1 - 1\right] = 150（万元）$

建设投资 $= 2000 + 3000 + 600 + 280 + 150 + 180 = 6210（万元）$

37. 解答：

基本预备费 $= (2000 + 3000 + 600) \times 5\% = 280（万元）$

静态投资部分 $= 2000 + 3000 + 600 + 280 = 5880（万元）$

38. 解答：

上年确认收入 $= 8000 \times 30\% = 2400（万元）$

本年确认收入 $= 8000 \times 80\% - 2400 = 4000（万元）$

39. 解答：

$$Z_j = C_j = C_{Fj} + C_{Uj} \cdot Q$$

设钢筋加工量为 Q 吨

$C_{外包} = 250 \cdot Q$

$C_{自制} = 120 \times 10^4 + 150 \cdot Q$

令 $C_{外包} = C_{自制}$

解得 $Q = 1200（吨）$

即：$Q < 1200$ 吨，应外包加工；

$Q > 1200$ 吨，应现场制作；

$Q = 1200$ 吨，两种方案总成本相等。

41. 解答：

两种方法：（1）敏感度系数：斜线的斜率，绝对值越大越敏感；

（2）临界点：$FNPV = 0$ 时的横坐标，绝对值越小越敏感。

43. 解答：

速动资产 $=$ 流动资产 $-$ 存货 $= 300 - 100 = 200（万元）$

$$速动比率 = \frac{速动资产}{流动负债} = \frac{200}{200} = 1$$

45. 解答：

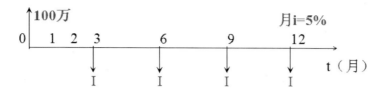

第一季度末 $I = F - P = 100 \cdot (F/P, 1\%, 3) - 100$

$= 100 \cdot (1 + 1\%)^3 - 100 = 3.03$（万元）

一年分4次支付利息，利息总额 $= 3.03 \times 4 = 12.12$（万元）

47. 解答：

每小时折旧费 $= \dfrac{50 \times 10^4 \times (1 - 5\%)}{240 \times 12 \times 10} \approx 16.49$（元）

该月应计提折旧费 $= 16.49 \times 300 \approx 4947.92$（元）

48. 解答：

$A = 3000 \cdot (A/P, 8\%, 10) = 3000 \cdot \dfrac{1}{(P/A, 8\%, 10)} = 3000 \times \dfrac{1}{6.711} = 447$（万元）

49. 解答：

某分部分项工程综合单价 =

（施工作业量的人、料、机、管理费、利润、风险费）/工程净量

土方工程综合单价 $= \dfrac{76000 + 20000 + 5000 + 0}{2600} = 38.85$（元/m³）

51. 解答：

资金成本率 $= \dfrac{\text{年度税后资金占用费}}{\text{筹资净额}} = \dfrac{2 \times 5\% \times (1 - 25\%)}{2 \times (1 - 1\%)} \approx 3.79\%$

58. 解答：

注意：题中已知的8%是年名义利率，故根据名义利率公式，

半年 $i = \dfrac{8\%}{2} = 4\%$，

每半年末应还款 $A = 300 \times (A/P, 4\%, 10) = 300 \times \dfrac{0.04 \times 1.04^{10}}{1.04^{10} - 1} \approx 36.99$（万元）

2015年模拟卷二

一、单项选择题（共60题，每题1分。每题的各选项中，只有1个最符合题意）

背景：某施工企业2013年12月31日资产负债表显示：资产总额2400万元，其中货币资金200万元，应收及预付款项300万元，存货600万元，长期股权投资240万元，固定资产900万元，无形资产及其他资产160万元；负债总额1100万元，其中长期负债600万元。2013年利润表显示：营业利润1500万元，利润总额1600万元，净利润1150万元。请回答以下1~4题：

1. 施工企业2013年12月31日的所有者权益为（　）万元。**教材P91**
   A. 2400　　B. 1300　　C. 1820　　D. 2240

2. 施工企业2013年的所得税费用为（　）万元。**教材P117**
   A. 100　　B. 350　　C. 400　　D. 450

3. 施工企业2013年12月31日的长期资产为（　）万元。**教材P90**
   A. 900　　B. 1060　　C. 1300　　D. 2400

4. 施工企业2013年12月31日的速动比率为（　）。**教材P138**
   A. 0.83　　B. 1　　C. 1.83　　D. 2.2

5. 某项目设备工器具购置费为2000万元，建筑安装工程费为1500万元，工程建设其他费为500万元，基本预备费为200万元，涨价预备费为100万元，建设期利息为120万元，铺底流动资金为100万元，则该项目的动态投资部分为（　）万元。**教材P157**
   A. 120　　B. 220　　C. 320　　D. 420

6. 投资者投资于某一个项目，首先要考虑在一定时间内获取的收益是否高于银行利息，所以利息常被视为资金的（　）。**教材P2**
   A. 沉没成本　　B. 机会成本　　C. 基准收益率　　D 回报

7. 下列税金组合中，应计入建筑安装工程费中企业管理费的是（　）。**教材P171**
   A. 营业税、房产税、车船使用税、土地使用税　　B. 城市维护建设税、教育费附加、地方教育附加　　C. 房产税、土地使用税、营业税　　D. 房产税、车船使用税、土地使用税、印花税

8. 以下不计提折旧的固定资产是（　）。**教材P99**
   A. 经营性租赁租出的固定资产　　B. 融资租赁方式租入的固定资产
   C. 已提足折旧仍继续使用的固定资产　　D. 大修理停用的固定资产

9. 某工程有甲、乙、丙、丁4个实施方案可供选择。4个方案的投资额依次是60万元、80万元、100万元和120万元。年运行成本依次是16万元、13万元、10万元

和 6 万元，各方案应用环境相同。设基准投资收益率为 10%。则采用折算费用法选择的最优方案为（ ）。**教材 P83**

A. 甲　　B. 乙　　C. 丙　　D. 丁

10. 根据《建设工程工程量清单价计规范》GB 50500—2013，招标人编制招标控制价时，对招标人自行供应材料、工程设备的，总承包服务费按招标人供应材料、工程设备费的（ ）计算。**教材 P241**

A. 1%　　B. 1.5%　　C. 3%　　D. 3%~5%

11. 某拟建项目建设期 2 年，建筑安装工程费为 1000 万元，设备及工器具购置费为 600 万元，工程建设其他费为 300 万元，基本预备费 200 万元，则该项目涨价预备费的计算基数为（ ）万元。**教材 P167**

A. 1000　　B. 1300　　C. 1600　　D. 1900

12. 某施工企业希望从银行借款 500 万元，借款期限 2 年，期满一次还本。经咨询有甲、乙、丙、丁 4 家银行愿意提供贷款，年利率均为 7%。其中，甲要求按月计算并支付利息，乙要求按季度计算并支付利息，丙要求按半年计算并支付利息，丁要求按年计算并支付利息。则对该企业来说，借款实际利率最低的银行是（ ）。**教材 P13**

A. 甲　　B. 乙　　C. 丙　　D. 丁

13. 对会计核算的范围从空间上加以界定是通过（ ）实现的。**教材 P89**

A. 持续经营假设　　B. 会计主体假设　　C. 会计分期假设　　D. 货币计量假设

14. 在建设工程投资估算中，建设期内各年贷款利息按（ ）×年利率计算。**教材 P168**

A. 年初借款本息＋本年借款额　　B. 年初借款本息累计＋本年借款额/2

C. 年初借款本息累计－本年借款额　　D. 年初借款本息累计－本年借款额/2

15. 下列关于施工企业利润总额的公式中，正确的是（ ）。**教材 P117**

A. 利润总额＝营业利润＋投资净收益－管理费用－财务费用＋营业外收入－营业外支出　　B. 利润总额＝主营业务利润＋投资净收益＋营业外收入－营业外支出　　C. 利润总额＝营业利润＋营业外收入－营业外支出－管理费用－财务费用　　D. 利润总额＝营业利润＋营业外收入－营业外支出

16. 建筑安装工程费中的规费包括了（ ）等费用。**教材 P171**

A. 工程排污费、社会保险费、住房公积金　　B. 住房公积金、工程排污费、安全文明施工费　　C. 社会保险费、住房公积金、安全文明施工费　　D. 工程排污费、社会保险费、住房公积金、安全文明施工费

17. 企业当期可供分配的利润为（ ）。**教材 P117**

A. 当期净利润　　B. 当期净利润—盈余公积　　C. 当期净利润—法定盈余公积　　D. 当期净利润＋期初的未分配利润

18. 按人民币计算，某进口设备离岸价为 1000 万元，到岸价 1050 万元，银行财务费 5 万元，外贸手续费 15 万元，进口关税 70 万元，增值税税率 17%，不考虑消费税，则该设备的抵岸价为（　　）万元。教材 P159

A. 1260.00　　B. 1271.90　　C. 1321.90　　D. 1330.40

19. 某企业第 1 年初向银行借款 300 万元用于购置设备，贷款年有效利率为 8%，每半年计息一次，今后 5 年内每年 6 月底和 12 月底等额还本付息。则该企业每次偿还金额为（　　）万元。教材 P13

A. 35.46　　B. 36.85　　C. 36.99　　D. 37.57

20. 国际工程中运用不平衡报价法策略时，对于（　　），单价应适当降低。教材 P310

A. 能够早日结账收款的项目　　B. 工程内容说明不清的项目　　C. 预计工程量会增加的项目　　D. 工程量明确的早期工程

21. 在投资方案经济评价中，若方案可行，则有（　　）。教材 P27

A. 静态投资回收期 P_t ＞基准投资回收期 P_c，财务净现值 $FNPV＞0$，财务内部收益率 $FIRR＞$ 基准收益率 i_c　　B. $P_t＜P_c$，$FNPV＜0$，$FIRR＜i_c$　　C. $P_t≤P_c$，$FNPV≥0$，$FIRR≥i_c$　　D. $P_t≥P_c$，$FNPV≤0$，$FIRR≥i_c$

22. 用以分析技术方案的财务生存能力的现金流量表是（　　）。教材 P46

A. 投资现金流量表　　B. 资本金现金流量表　　C. 投资各方现金流量表　　D. 财务计划现金流量表

23. 施工企业为保障安全施工搭设的防护网的费用应计入建筑安装工程费中的（　　）。教材 P173

A. 分部分项工程费　　B. 措施项目费　　C. 规费　　D. 材料费

24. 某租赁公司出租设备的年租金 23.12 万元，租期为 5 年，每年年末支付租金，折现率为 10%，附加率为 4%，这台设备的价格为（　　）万元。教材 P66

A. 65　　B. 68　　C. 71　　D. 74

25. 我国现行《企业会计准则》规定，企业应当以权责发生制为基础进行会计确认，实行权责发生制的前提是（　　）。教材 P89

A. 会计分期与收付实现制　　B. 会计分期与持续经营　　C. 持续经营与公允价值　　D. 持续经营与历史成本

26. 以下关于预算定额的说法中，不正确的是（　　）。教材 P181

A. 预算定额是社会性定额之一　　B. 预算定额是编制施工预算的依据　　C. 预算定额在施工定额的基础上综合扩大而成　　D. 预算定额是编制概算定

额的依据

27. 某企业投资某项目,期望未来 10 年内每年末回收 1000 万元,年利率为 8% 时,则一开始需要投资(　　)万元。已知：$(A/F, 8\%, 10)= 0.069$; $(A/P, 8\%, 10)= 0.149$, $(P/F, 8\%, 10)=0.3971$。教材 P10

　　A. 69　　B. 6711.41　　C. 2159　　D. 3971

28. 债权人因债务重组作出让步的债务重组损失,应计入债权人的(　　)。教材 P95

　　A. 生产成本　　B. 营业外支出　　C. 财务费用　　D. 管理费用

29. 某工程由于建设单位提供的施工图纸有误,造成施工总包单位人员窝工 75 工日,增加用工 8 工日;由于施工分包单位设备安装质量不合格返工处理造成人员窝工 60 工日,增加用工 6 工日。合同约定人工费日工资标准为 50 元,窝工补偿标准为日工资标准的 70%,则建设单位应给予施工总包单位的人工费索赔金额是(　　)元。教材 P271

　　A. 5425　　B. 4150　　C. 3025　　D. 2905

30. 对净资产收益率指标,下列表述错误的是(　　)。教材 P140

　　A. 该指标反映企业盈利能力,且是一个核心指标　　B. 该指标越高越好,企业净利越多　　C. 该指标反映企业投入费用与产出收益的关系　　D. 该指标的分子是净利润

31. 某企业在 4 年前花 20000 元购买一台设备,目前账面价值为 5000 元,如现在出售这设备可得 4000 元,还可使用 6 年,6 年末的预计净残值为 300 元。则沉没成本为(　　)元。教材 P58

　　A. 5000　　B. 4000　　C. 1000　　D. 300

32. 企业当期发生的、与具体工程施工没有直接联系,应当直接计入当期损益的费用是(　　)。教材 P95

　　A. 直接费用　　B. 间接费用　　C. 管理费用　　D. 期间费用

33. 编制施工机械台班使用定额时,可计入定额时间的是(　　)。教材 P190

　　A. 因技术人员过错造成机械降低负荷情况下的工作时间　　B. 机械使用中进行必要的保养所造成的中断时间　　C. 操作机械的工人违反劳动纪律所消耗的时间　　D. 施工组织不当造成的机械停工时间

34. 将技术方案经济效果评价分为静态分析和动态分析的依据是(　　)。教材 P16

　　A. 评价方法是否考虑主观因素　　B. 评价指标是否能够量化　　C. 评价方法是否考虑时间因素　　D. 经济效果评价是否考虑融资的影响

35. (　　)是指某项效益及于几个会计年度的支出,发生时应予以资本化,并分期计入各受益期的费用。教材 P95

A. 资本性支出　　B. 收益性支出　　C. 营业外支出　　D. 利润分配支出

36. 我国现行建筑安装工程费用构成中，建筑企业施工管理用车辆的保险费应计入（　　）。**教材 P171**

　　A. 直接工程费　　B. 措施费　　C. 企业管理费　　D. 规费

37. 某施工企业购买一台新型挖掘机，原值为 50 万元，预计使用寿命为 2000 台班，预计净残值为原值的 3%，若按工作量法折旧，该挖掘机每工作台班折旧费应为（　　）元。**教材 P99**

　　A. 242.50　　B. 237.50　　C. 250.00　　D. 257.70

38. 某设备在不同的使用年限（从 1~7 年）下的平均年度资产消耗成本和各年度运行成本见下表，则该设备的经济寿命为（　　）年。**教材 P60**

使用年限	1	2	3	4	5	6	7
平均年度资产消耗成本（万元）	90	50	35	23	20	18	15
年度运行成本（万元）	20	25	30	35	40	45	60

　　A. 6　　B. 5　　C. 4　　D. 3

39. 建筑安装工程材料损耗率一般采用（　　）加以确定。**教材 P187**

　　A. 技术测定法　　B. 比较类推法　　C. 观察法　　D. 图纸计算法

40. 企业储备存货有关的成本不包括（　　）。**教材 P154**

　　A. 取得成本　　B. 储存成本　　C. 机会成本　　D. 缺货成本

41. 某技术方案的净现金流量见下表。若基准收益率为 10%，则方案的财务净现值（　　）。**教材 P25**

计算期（年）	1	2	3	4	5
净现金流量（万元）	-300	-200	200	600	600

　　A. 等于 900 万元　　B. 大于 900 万元，小于 1400 万元

　　C. 小于 900 万元　　D. 等于 1400 万元

42. 某企业资产总额 1000 万元，其中：流动资产 300 万元，存货 100 万元；负债总额 400 万元，其中：流动负债 200 万元。则企业的资产负债率为（　　）。**教材 P137**

　　A. 20%　　B. 40%　　C. 60%　　D. 100%

43. 以下关于盈亏平衡分析的说法中，不正确的是（　　）。**教材 P39**

　　A. 以产销量和生产能力利用率表示的盈亏平衡点应用最为广泛　　B. 在线性盈亏平衡分析图中，销售收入线和总成本线的交点即是盈亏平衡点，也称保本点　　C. 盈亏平衡点越高，方案抗风险能力越强，适应市场变化的能力越强

D. 在线性盈亏平衡分析中，变动成本是指随产销量成正比例变化的那一部分成本

44. 施工企业营业收入的特点不包括（　　）。教材 P109

A. 收入从企业的日常活动中产生，而不是从偶发的交易或事项中产生

B. 收入只能表现为资产的增加　　C. 收入最终导致企业所有者权益的增加

D. 收入只包括本企业经济利益的流入，不包括为第三方或客户代收的款项

45. 企业按税后利润的 10% 计提的是（　　）。教材 P118

A. 法定公积金　　B. 任意公积金　　C. 法定公益金　　D. 未分配利润

46. 某技术方案在不同收益率 i 下的净现值为：$i=7\%$时，$FNPV=1200$ 万元；$i=8\%$时，$FNPV=800$ 万元；$i=9\%$时，$FNPV=430$ 万元。则该方案的内部收益率的范围为（　　）。教材 P26

A. 小于 7%　　B. 大于 9%　　C. 7%～8%　　D. 8%～9%

47. 某企业固定资产评估增值 2000 万元，该增值部分应计入企业的（　　）。教材 P91

A. 实收资本　　B. 盈余公积　　C. 资本公积　　D. 未分配利润

48. 某非生产性建设工程项目只有一个单项工程，则该单项工程综合概算包括建筑单位工程概算、设备及安装单位工程概算以及（　　）概算。教材 P209

A. 电气照明工程　　B. 生产家具购置费用　　C. 给水排水及采暖工程

D. 工程建设其他费用

49. 某施工企业与业主签订了一份修建 15 千米地铁的建造合同，合同约定工程总造价45 亿元，建设期 3 年，第 1 年该施工企业修建了 3 千米，第 2 年修建了 9 千米，则第 2 年合同完工进度为（　　），应确认收入（　　）。教材 P114

A. 20%，9 亿元　　B. 60%，27 亿元　　C. 80%，27 亿元　　D. 80%，36 亿元

50. 资产负债表是反映企业某一特定日期（　　）的会计报表。教材 P126

A. 财务状况　　B. 经营成果　　C. 现金流量　　D. 所有者权益变动情况

51. 按照《建设工程工程量清单计价规范》GB 50500—2013 的规定，工程量清单应采用综合单价计价，完成一个规定计量单位分部分项工程项目所需的综合单价不含（　　）。教材 P233

A. 措施费、利润　　B. 人工费、材料费和机械使用费　　C. 措施费、规费、税金　　D. 措施费、规费、利润

52. 利息倍付率是评价投资方案偿债能力的指标，等于方案各年（　　）与当期应付利息的比值。教材 P31

A. 净利润   B. 息税前利润   C. 收益额   D. 息税前利润＋折旧＋摊销

53. 我国采用的多步式利润表的第一步是计算（　　）。**教材 P130**

A. 利润总额   B. 净利润   C. 营业利润   D. 每股收益

54. 企业租赁设备与购买设备相比，现金流量的差异主要在于（　　）。**教材 P68**

A. 销售收入   B. 经营成本   C. 销售税金及附加   D. 企业所得税

55. 编制企业年度现金流量表时，应计入经营活动产生的现金流量的是（　　）。**教材 P132**

A. 取得投资收益收到的现金   B. 偿还债务支付的现金   C. 吸收投资收到的现金   D. 收到的税费返还

56. 某项目投资来源中，项目资本金 2000 万元，借入银行资金 1000 万元，建设期借款利息 200 万元。在编制投资现金流量表时，建设期现金流出的建设投资应为（　　）万元。**教材 P43**

A. 1200   B. 2000   C. 3000   D. 3200

57. 设计单位编制单位设备安装工程概算时，若初步设计的设备清单不完备，则应用（　　）。**教材 P209**

A. 预算单价法   B. 扩大单价法   C. 概算定额法   D. 概算指标法

58. 在进行产品功能价值分析时，若甲、乙、丙、丁等 4 个零部件的价值系数分别为 0.9、0.7、1 和 1.2，则应重点研究改进的对象是（　　）。**教材 P79**

A. 甲   B. 乙   C. 丙   D. 丁

59. 编制施工图预算时，以资源市场价格为依据确定单位工程人、料、机费，并按照市场行情确定费率计算企业管理费、利润、规费、税金等，这种方法是（　　）。**教材 P221**

A. 定额单价法   B. 实物量法   C. 工程量清单单价法   D. 预算定额法

60. 某企业欲引进生产线，已知引进甲生产线需投资 400 万元，单位产品可变成本为 0.6 元；引进乙生产线需投资 600 万元，单位产品可变成本为 0.4 元，则（　　）。**教材 P84**

A. 产量为 800 万件时，选择甲生产线   B. 产量为 800 万元件时，选择乙生产线   C. 产量为 1200 万件时，选择甲生产线   D. 选择甲生产线

二、多项选择题（共 20 题，每题 2 分。每题的备选项中，有 2 个或 2 个以上符合题意，至少有 1 个错项。错选，本题不得分；少选，所选的每个选项得 0.5 分）

61. 以下关于财务分析指标的说法中，正确的有（　　）。**教材 P138**

A. 一般认为资产负债率为 50% 比较合适，该指标大于 100% 则表明企业已经资不抵债   B. 速动比率＝流动负债÷速动资产，该指标是偿债能力分析指标

C. 总资产报酬率是反映盈利能力的指标，总资产报酬率＝利润总额÷平均资产总额　　D. 资本积累率若为负值，表明企业资本受到侵蚀，所有者权益受到损害，应引起重视　　E. 总资产周转率的大小主要取决于流动资产周转率和流动资产占总资产的比重

62. 与项目建设有关的工程其他费用，主要包括（　　）。教材 P163

A. 土地征用及迁移补偿费　　B. 办公和生活家具购置费　　C. 勘察设计费
D. 建设管理费　　E. 研究试验费

63. 按费用构成要素划分，材料费是指购置原材料、构配件、工程设备等开支的（　　）。教材 P170

A. 材料或工程设备原价　　B. 运杂费　　C. 运输损耗费　　D. 检验试验费
E. 采购及保管费

64. 对于独立常规投资方案，下列关于财务净现值和财务内部收益率的说法中正确的有（　　）。教材 P26

A. 财务净现值随基准收益率取值越大而越大　　B. 财务内部收益率是财务净现值等于零时的折现率　　C. 财务内部收益率与财务净现值的评价结论是一致的　　D. 财务净现值不能反映方案单位投资的使用效率　　E. 财务内部收益率考虑了项目在整个计算期的经济状况

65. 普通股筹资与负债筹资相比优点为（　　）。教材 P150

A. 普通股没有到期日、不需要归还　　B. 没有固定的股利分担　　C. 可提高公司举债能力　　D. 股利可以在所得税前支付　　E. 扩大公司影响，提高公司信誉和知名度

66. 技术方案经济效果评价中的总投资是指（　　）之和。教材 P49

A. 建设投资　　B. 资本金　　C. 建设期利息　　D. 流动资金　　E. 经营成本

67. 项目投资者通过分析项目有关财务评价指标获取项目的（　　）等信息。教材 P15

A. 盈利能力　　B. 技术创新能力　　C. 清偿能力　　D. 财务生存能力
E. 生产效率

68. 设备及工器具购置费包括（　　）等费用。教材 P158

A. 设备原价　　B. 设备运杂费　　C. 工具、器具购置费　　D. 生产家具购置费　　E. 办公及生活家具购置费

69. 按工程造价形成划分，属于建筑安装工程费中措施项目费的有（　　）。教材 P173

A. 特殊地区施工增加费　　B. 工程定位复测费　　C. 安全文明施工费

D. 仪器仪表使用费　　E. 脚手架工程费

70. 某投资方案财务现金流量图如下图所示（单位：万元），已知：基准投资收益率 35%，基准投资回收期 5 年。取基准收益率 10%，则以下说法中正确的有（　　）。教材 P20-26

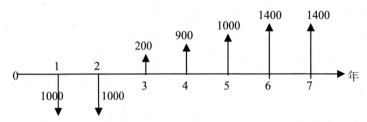

A. 方案的投资收益率为 49%，方案可行　　B. 方案的静态投资回收期为 4.9 年，方案可行　　C. 方案的财务净现值为 1159.12 万元，方案可行　　D. 方案的财务内部收益率大于 10%，方案可行　　E. 财务净现值和财务内部收益率是方案的盈利能力指标，投资收益率和静态投资回收期是方案的偿债能力指标

71. 编制人工定额时，应计入工人有效工作时间的有（　　）。教材 P183

A. 准备与结束工作时间　　B. 基本工作时间　　C. 辅助工作时间　　D. 不可避免的中断时间　　E. 休息时间

72. 运用工程量清单计价时，投标人对分部分项工程报价的工作内容有（　　）。教材 P244

A. 调研人、料、机等的市场价格　　B. 分析分部分项工程项目特征描述

C. 根据企业定额确定人、料、机的消耗量　　D. 按国家相关规定，确定规费和税金　　E. 根据企业经验费率、利润率确定企业管理费和利润

73. 已标价工程量清单中没有适用也没有类似于变更工程项目的，由承包人根据（　　）等提出变更过程项目的单价，报发包人确认后调整。教材 P267

A. 变更工程资料、计量规则、计价办法　　B. 工程造价管理机构发布的信息价格　　C. 承包人企业定额　　D. 承包人报价浮动率　　E. 市场价格（当工程造价管理机构发布的信息价格缺价时）

74. 对施工单位而言，施工图预算是（　　）的依据。教材 P217

A. 确定招标控制价　　B. 控制施工成本　　C. 进行贷款　　D. 编制工程概算　　E. 进行施工准备

75. 以下关于设备更新的说法中，正确的有（　　）。教材 P58

A. 更新是对设备有形磨损和无形磨损的完全补偿　　B. 就本质而言，设备更

新分为原型设备更新和新型设备更新　　C. 设备更新方案比选原则有 3 个：客观的立场、不考虑沉没成本、逐年滚动比较　　D. 设备的经济寿命是设备更新的最佳时刻，经济寿命主要取决于设备的无形磨损　　E. 设备年平均使用成本达到最低值的 N_0 就是设备的经济寿命

76. 根据《建设工程工程量清单计价规范》GB 50500—2013，关于计日工的说法正确的有（　　）。**教材 P259**

A. 发包人通知承包人以计日工方式实施的零星工作，承包人应予执行

B. 采用计日工计价的任何一项变更工作，承包人都应将相关报表和凭证送发包人复核　　C. 发包人在收到承包人提交的计日工现场签证报告后的 2 天内应予以确认　　D. 计日工是承包人完成合同范围内的零星项目按合同约定的单价计价的一种方式　　E. 每个支付期末，承包人应向发包人提交本期间所有计日工记录的签证汇总表

77. 以下关于价值工程的说法中，正确的有（　　）。**教材 P70-79**

A. 价值工程的三个基本要素是指价值、功能和寿命周期成本　　B. 价值工程的核心是对产品进行功能分析　　C. 对于建设工程，应用价值工程的重点是施工安装阶段　　D. 提高建设工程价值的途径之一是，适量增加寿命周期成本，大幅度提高项目功能　　E. 对某产品开展价值工程活动，$V_i<1$ 的功能区应列为需要改进对象

78. 由于设计变更导致工程暂停，实际工程量比工程量清单有所增加。承包人对施工机械使用费的索赔款项包括（　　）。**教材 P271**

A. 由于完成新增工程量而增加的机械台班费　　B. 停工期间不可退租租赁设备的租金　　C. 租赁设备未及时进场造成的窝工费　　D. 停工期间自有施工机械的台班费　　E. 执行设计变更时因机械故障停工维修而导致的窝工费

79. 编制单位建筑工程设计概算的方法有（　　）。**教材 P204**

A. 预算单价法　　B. 类似工程预算法　　C. 实物量法　　D. 扩大单价法

E. 概算指标法

80. 某投资方案的单因素敏感性分析结果为：产品单价上升 5%，方案财务净现值上升 11%；方案年度经营成本上升 10%，方案财务净现值下降 13%；产品单价的临界点为 −7.5%，经营成本的临界点为 19%。说明（　　）。**教材 P41**

A. 财务净现值对产品单价敏感度系数 $S_1=2.2$，即财务净现值随产品单价同方向变化　　B. 财务净现值对经营成本敏感度系数 $S_2=-1.3$，即财务净现值随经营成本反方向变化　　C. 根据敏感度系数，可知产品单价是影响财务净现值的最敏感因素

D. 财务净现值下降为 0 时是方案允许产品单价向最不利方向变化的极限值，即产品单价比原来下降 7.5%　　E. 敏感度系数是判别敏感因素的绝对测定法，临界点是判别敏感因素的相对测定法

2015年模拟卷二答案及解析

一、参考答案

题号	答案	题号	答案	题号	答案	题号	答案	题号	答案
1	B	17	D	33	B	49	C	65	ABCE
2	D	18	D	34	C	50	A	66	ACD
3	C	19	B	35	A	51	C	67	ACD
4	B	20	B	36	C	52	B	68	ABCD
5	B	21	C	37	A	53	C	69	ABCE
6	B	22	D	38	B	54	D	70	ABCD
7	D	23	B	39	C	55	D	71	ABC
8	C	24	B	40	C	56	C	72	ABCE
9	D	25	B	41	C	57	B	73	ABDE
10	A	26	B	42	B	58	B	74	BE
11	C	27	B	43	C	59	B	75	ABCE
12	D	28	B	44	B	60	A	76	ABCE
13	B	29	C	45	A	61	ADE	77	ABDE
14	B	30	C	46	B	62	CDE	78	AB
15	D	31	C	47	C	63	ABCE	79	BE
16	A	32	D	48	D	64	BCDE	80	ABCD

二、部分模拟题解答

1. 解答：

所有者权益 = 净资产 = 资产 - 负债 = 2400 - 1100 = 1300（万元）

2. 解答：

净利润 = 税后利润 = 利润总额 - 所得税费用

所得税费用 = 利润总额 - 净利润 = 1600 - 1150 = 450（万元）

3. 解答：

长期资产 = 长期投资 + 固定资产 + 无形资产 + 其他长期资产

= 240 + 900 + 160 = 1300（万元）

或者：长期资产 = 资产 - 流动资产 = 资产 - （货币资金 + 应收及预付款项 + 存货）

= 2400 - （200 + 300 + 600） = 1300（万元）

4. 解答：

$$速动资产 = 流动资产 - 存货 = (200 + 300 + 600) - 600 = 500（万元）$$

$$流动负债 = 负债 - 长期负债 = 1100 - 600 = 500（万元）$$

$$速动比率 = \frac{速动资产}{流动负债} = \frac{500}{500} = 1$$

5. 解答：

$$动态投资部分 = 涨价预备费 + 建设期利息 = 100 + 120 = 220（万元）$$

9. 解答：

$$Z_j = C_j + P_j \cdot R_c$$

$$Z_甲 = 16 + 60 \times 10\% = 22（万元）$$

$$Z_乙 = 13 + 80 \times 10\% = 21（万元）$$

$$Z_丙 = 10 + 100 \times 10\% = 20（万元）$$

$$Z_丁 = 6 + 120 \times 10\% = 18（万元）$$

$Z_丁$ 最低，故丁方案最优。

11. 解答：

仅对建筑安装工程费、设备及工器具购置费考虑涨价预备费，故涨价预备费的计算基数=1000+600=1600（万元）。

12. 解答：

甲银行贷款的实际利率 $i_{eff} = (1 + \frac{7\%}{12})^{12} - 1$

乙银行贷款的实际利率 $i_{eff} = (1 + \frac{7\%}{4})^{4} - 1$

丙银行贷款的实际利率 $i_{eff} = (1 + \frac{7\%}{2})^{2} - 1$

丁银行贷款的实际利率 $i_{eff} = 7\%$

显然，丁银行贷款的实际利率最低。

18. 解答：

增值税 = （到岸价 + 关税 + 消费税）× 增值税税率 = (1050 + 70 + 0) × 17% = 190.4（万元）

抵岸价 = 到岸价 + 三个税 + 两个费 = 1050 + 70 + 0 + 190.4 + 5 + 15 = 1330.4（万元）

19. 解答：

注意：题中已知的8%是年有效利率，故根据 有效利率公式，有 $8\% = (1 + i)^2 - 1$，解出半年 $i \approx 3.92\%$，

每半年末应还款 $A = 300 \times (A/P, 3.92\%, 10) = 300 \times \dfrac{0.0392 \times 1.0392^{10}}{1.0392^{10} - 1} \approx 36.85$（万元）

此题注意与模拟卷一第 58 题相区别。

24. 解答：

根据附加率法支付租金公式，有 $R = \dfrac{P}{5} + P \times 10\% + P \times 4\% = 23.12$，解得 $P = 68$（万元）

27. 解答：

$$P = A \cdot (P/A, 8\%, 10) = 1000 \cdot \dfrac{1}{(A/P, 8\%, 10)} = 1000 \times \dfrac{1}{0.149} = 6711.41 \text{（万元）}$$

29. 解答：

建设单位对提供图纸有误造成施工总包单位的损失应承担赔偿责任，施工总包单位的索赔金额 $= 75 \times 50 \times 70\% + 8 \times 50 = 3025$（元）。施工分包单位设备安装质量不合格造成施工总包单位的损失应由施工分包单位承担赔偿责任，施工总包单位不得向建设单位索赔。

31. 解答：

沉没成本 = 设备账面价值 − 当前市场价值 $= 5000 - 4000 = 1000$（元）

37. 解答：

$$\text{每台班折旧费} = \dfrac{50 \times 10^4 \times (1 - 3\%)}{2000} = 242.5 \text{（元）}$$

38. 解答：

根据公式：$\overline{C}_N = \dfrac{P - L_N}{N} + \dfrac{C_1 + C_2 + \ldots + C_N}{N}$

有：$\overline{C}_1 = 90 + 20 = 110$（万元）

$\overline{C}_2 = 50 + \dfrac{20 + 25}{2} = 72.5$（万元）

$\overline{C}_3 = 35 + \dfrac{20 + 25 + 30}{3} = 60$（万元）

$\overline{C}_4 = 23 + \dfrac{20 + 25 + 30 + 35}{4} = 50.5$（万元）

$\overline{C}_5 = 20 + \dfrac{20 + 25 + 30 + 35 + 40}{5} = 50$（万元）

$\overline{C}_6 = 18 + \dfrac{20 + 25 + 30 + 35 + 40 + 45}{6} = 50.5$（万元）

$\overline{C}_5$ 最低，故设备的经济寿命为 5 年。

42. 解答：

$$资产负债率 = \frac{负债}{资产} \times 100\% = \frac{400}{1000} \times 100\% = 40\%$$

49. 解答：

$$第一年完工进度 = \frac{3}{15} = 20\%$$

$$第一年确认收入 = 45 \times 20\% = 9（亿元）$$

$$第二年完工进度 = \frac{3+9}{15} = 80\%$$

$$第二年确认收入 = 45 \times 80\% - 9 = 27（亿元）$$

56. 解答：

投资现金流量表反映方案融资前盈利能力，故建设投资不考虑融资方式，即不考虑建设期贷款利息，建设投资=2000+1000=3000（万元）。

60. 解答：

$$Z_j = C_j = C_{Fj} + C_{Uj} \cdot Q$$

设产品产量为 Q 件

$$C_甲 = 400 \times 10^4 + 0.6 \cdot Q$$

$$C_乙 = 600 \times 10^4 + 0.4 \cdot Q$$

令 $C_甲 = C_乙$

解得 $Q = 1000 \times 10^4$（件）

即：$Q < 1000$ 万件，甲优；

$Q > 1000$ 万件，乙优；

$Q = 1000$ 万件，两种生产线总成本相等。

70. 解答：

(1) 投资收益率 $= \dfrac{\dfrac{200+900+1000+1400+1400}{5}}{1000+1000} = 49\% >$ 基准投资收益率35%，方案可行。

(2) 第4年末累计净现金流量=−900万元

第5年末累计净现金流量=100万元

$$静态投资回收期 = 4 + \frac{|-900|}{1000} = 4.9（年）< 基准投资回收期5年，方案可行。$$

(3) $FNPV = -1000 \cdot (P/F, 10\%, 1) - 1000 \cdot (P/F, 10\%, 2)$

$+ 200 \cdot (P/F, 10\%, 3) + 900 \cdot (P/F, 10\%, 4) + 1000 \cdot (P/F, 10\%, 5)$

$+1400 \cdot (F/A,10\%,2) \cdot (P/F,10\%,7)$

$=1159.12（万元）>0$，方案可行。

（4）$ic=10\%$，$FNPV=1159.12$万元>0，则可知$FIRR>ic$，方案可行。

（5）四个指标均是盈利能力评价指标，前两者是动态评价指标，后两者是静态评价指标

80. 解答：

财务净现值对产品单价的敏感度系数$\beta_1 = \dfrac{\text{财务净现值的变化率}}{\text{产品单价的变化率}} = \dfrac{11\%}{5\%} = 2.2$

财务净现值对经营成本的敏感度系数$\beta_2 = \dfrac{\text{财务净现值的变化率}}{\text{经营成本的变化率}} = \dfrac{-13\%}{10\%} = -1.3$

2015年模拟卷三

一、单项选择题（共60题，每题1分。每题的各选项中，只有1个最符合题意）

1. 企业在对会计要素进行计量时，一般应当采用（　　）。**教材P88**

   A. 历史成本　　B. 重置成本　　C. 可变现净值　　D. 公允价值

2. 经营成本包括（　　）。**教材P51**

   A. 工资及福利费　　B. 固定资产折旧费　　C. 贷款利息支出　　D. 无形资产摊销费

3. 某工程项目建筑安装工程费为1000万元，设备及工器具购置费为700万元，工程建设其他费为500万元，基本预备费为100万元，涨价预备费为150万元，建设期利息为60万元。该项目的工程费用为（　　）万元。**教材P157**

   A. 1000　　B. 1700　　C. 2300　　D. 210

4. 材料费是指施工过程中耗费的原材料、辅助材料、构配件、零件、半成品或成品、（　　）的费用。**教材P170**

   A. 施工机械　　B. 仪器仪表　　C. 机电设备　　D. 工程设备

5. 利率是各国调整国民经济的杠杆之一。其高低首先取决于（　　）。**教材P3**

   A. 金融市场借贷资本的供求状况　　B. 借贷资本的期限　　C. 通货膨胀的波动影响　　D. 社会平均利润率的高低

6. 以下会计等式中，不正确的是（　　）。**教材P92**

   A. 资产＝负债＋所有者权益　　B. 收入－成本＝利润　　C. 资产＝负债＋（所有者权益＋收入－费用）　　D. 净资产＝资产－负债

7. 编制工程概算定额的基础是（　　）。**教材P181**

   A. 估算指标　　B. 概算指标　　C. 预算指标　　D. 预算定额

8. 进口设备增值税＝组成计税价格×增值税税率，其中，组成计税价格为（　　）。**教材P160**

   A. 离岸价＋国外运费＋国外运输保险费　　B. 到岸价＋关税＋消费税　　C. 到岸价＋关税＋消费税＋银行财务费＋外贸手续费　　D. 离岸价＋国外运费＋国外运输保险费＋关税＋消费税

9. 根据《建设工程工程量清单计价规范》GB 50500—2013计价的某土方工程，招标人提供的清单工程量为3951m³。施工企业预计的施工量为7902m³，预计完成该分项工程的人工费为78905元，材料费为10789元，施工机具使用费为25571元，措施项目费为11470元，企业管理费为39190元，利润为9221元，规费为4630元，税金为

5857 元，风险费为 4398 元。则该分项工程的综合单价应报价（　　）元/m³。教材 P234

    A. 42.54　　B. 21.27　　C. 41.43　　D. 48.10

10. 投标人发现合同条款不够明确或技术规范过于苛刻时，应采用的报价技巧是（　　）。教材 P310

    A. 不平衡报价法　　B. 多方案报价法　　C. 建议方案报价法　　D. 突然降价法

11. 2010 年 12 月 31 日企业流动资产 2000 万元，长期资产 5000 万元，流动负债 500 万元，长期负债 1500 万元，则所有者权益是（　　）万元。教材 P91

    A. 9000　　B. 5000　　C. 14000　　D. 4000

12. 下列情况中，（　　）属于第一种无形磨损。教材 P56

    A. 出现了效率更高的同种设备，使现有设备贬值　　B. 由于生产率提高，生产同种设备的社会必要劳动减少，使现有设备贬值　　C. 现有设备生产精度下降，使现有设备贬值　　D. 现有设备生产效率下降，使现有设备贬值

13. 总资产报酬率指标中的息税前利润总额是指当年的（　　）。教材 P21、117

    A. 利润总额＋财务费用　　B. 利润总额—利息支出　　C. 利润总额＋管理费用　　D. 利润总额＋利息支出

14. 在下列费用中，不属于企业管理费的是（　　）。教材 P171

    A. 财产保险费　　B. 住房公积金　　C. 财务费　　D. 投标费

15. 某人以 8% 的单利借出 15000 元，借款期为 3 年，到期后以 7% 的复利将前述借出资金的本利和再借出，借款期为 10 年。此人在第 13 年年末可以收回的本利和为（　　）元。教材 P8

    A. 33568　　B. 34209　　C. 35687　　D. 36586

16. 长期投资属于企业的（　　）。教材 P90

    A. 资产　　B. 收入　　C. 所有者权益　　D. 长期资产

17. 某工程招标文件中，混凝土估计工程量为 10000m³，合同中规定混凝土单价为 400 元/m³，若实际完成混凝土工程量与估计工程量的变动大于 15% 时，则进行调价，调价系数为 0.9。竣工时实际完成混凝土工程量为 15000m³，则混凝土工程款为（　　）万元。教材 P257

    A. 600　　B. 580　　C. 586　　D. 540

18. 编制某设备安装工程概算时，若初步设计的设备清单不完备，或安装预算单价及扩大综合单价不全时，宜采用的概算编制方法是（　　）。教材 P209

    A. 预算单价法　　B. 扩大单价法　　C. 查询核实法　　D. 按每吨设备安装费的概算指标法

19. 采用工程量清单计价模式时，分部分项工程综合单价中不包括（ ）。**教材 P233**

A. 措施费、企业管理费和规费　　　B. 措施费、利润和规费　　　C. 措施费、风险费用和税金　　　D. 措施费、规费和税金

20. 若 10 年内，每年年初存款 2000 元，利率为 6%，按复利计，第 10 年年末本利和为（ ）元。**教材 P10**

A. 20000　　B. 21200　　C. 26360　　D. 27942

21. 下列关于成本和费用的表述中正确的是（ ）。**教材 P94**

A. 费用是针对一定的期间而言　　　B. 费用是针对一定的成本核算对象而言

C. 成本是针对一定的期间而言的　　　D. 费用是指不能计入成本而应当直接计入当期损益的耗费

22. 某企业有一台设备，目前的实际价值为 38 万元，预计残值为 2.5 万元，第一年的使用费为 1.8 万元，在不考虑资金时间价值的情况下经估算得到该设备的经济寿命为 12 年，则该设备的平均年度资产消耗成本为（ ）万元／年。**教材 P60**

A. 2.81　　B. 2.96　　C. 3.02　　D. 4.76

23. 某企业账面反映的长期资金 4000 万元，其中优先股 1200 万元，应付长期债券 2800 万元。发行优先股的筹资费费率 3%，年股息率 9%；发行长期债券的票面利率 7%，筹资费费率 5%，企业所得税税率 25%。则该企业的综合资金成本率为（ ）。**教材 P143**

A. 7.94%　　B. 7.25%　　C. 6.65%　　D. 5.96%

24. 下列费用中，属于规费的是（ ）。**教材 P171**

A. 工程排污费　　B. 业务招待费　　C. 工程咨询费　　D. 安全文明施工费

25. 下列关于实际利率和名义利率的说法中，错误的是（ ）。**教材 P14**

A. 当年内计息次数 $m>1$ 时，实际利率大于名义利率　　　B. 当年内计息次数 $m=1$ 时，实际利率等于名义利率　　　C. 在其他条件不变时，计息周期越短，实际利率与名义利率差距越小　　　D. 实际利率比名义利率更能反映资金的时间价值

26. 企业本月购入小汽车一辆，按照现行企业财务制度有关规定，该笔购置费用属于企业的（ ）支出。**教材 P95**

A. 投资性　　B. 资本性　　C. 期间费用　　D. 营业外

27. 生产某产品的工人小组由 3 人组成，其时间定额为 0.65 工日/m^3，则其产量定额为（ ）m^3/工日。**教材 P185**

A. 0.51　　B. 1.54　　C. 1.95　　D. 4.62

28. 编制某单位工程施工图预算时，按分部分项工程顺序先计算出分项工程量，乘

以预算定额中相应分项工程的工料单价，得出该分项工程的人、料、机费；将各分项工程的人、料、机费汇总得出单位工程的人、料、机费；再加企业管理费、利润、规费和税金得出单位工程的施工图预算。这种编制施工图预算的方法是（　　）。**教材 P218**

    A. 定额单价法　　　B. 综合单价法　　　C. 实物量法　　　D. 实物单价法

29. 根据《建设工程工程量清单计价规范》GB 50500—2013 规定，在工程量清单计价中，措施项目费的综合单价已考虑了风险因素并包括（　　）。**教材 P233**

    A. 人工费、材料费、机械使用费、企业管理费　　　B. 人工费、材料费、机械使用费、企业管理费、利润　　　C. 人工费、材料费、机械使用费、企业管理费、利润、风险费　　　D. 人工费、材料费、机械使用费、企业管理费、利润、规费、税金

30. 以下关于投资方案的静态投资回收期的说法中，不正确的是（　　）。**教材 P24**

    A. 静态投资回收期是在不考虑资金时间价值的前提下，以投资方案的净收益回收其总投资所需要的时间　　　B. 静态投资回收期不能反映投资回收之后方案的收益情况，只能作为辅助性评价指标　　　C. 静态投资回收期不短于基准投资回收期，则投资方案可行　　　D. 静态投资回收期一般从投资方案建设开始年算起

31. 下列施工机械折旧方法中，年折旧率为固定值的是（　　）。**教材 P98**

    A. 平均年限法和年数总和法　　　B. 工作量法和加速折旧法　　　C. 平均年限法和双倍余额递减法　　　D. 工作量法和年数总和法

32. 某施工企业拟租赁一施工设备，租金按附加率法计算，每年年末支付。已知设备的价格为 95 万元，租期为 6 年。折现率为 8%，附加率为 5%，则该施工企业每年年末应付租金为（　　）万元。**教材 P66**

    A. 17.89　　　B. 20.58　　　C. 23.43　　　D. 28.18

33. 最佳现金持有量是（　　）。**教材 P152**

    A. 取得成本与短缺成本之和最小的现金持有量　　　B. 机会成本与管理成本之和最小的现金持有量　　　C. 取得成本、管理成本、短缺成本之和最小的现金持有量　　　D. 机会成本、管理成本、短缺成本之和最小的现金持有量

34. 某企业新建办公楼竣工投入使用后，其建设期贷款利息应列入新增的（　　）价值中。**教材 P157**

    A. 固定资产　　　B. 无形资产　　　C. 流动资产　　　D. 其他资产

35. 某技术方案建设期 2 年，运营期 8 年。建设投资（不含建设期利息）为 7000 万元。其中，第 1 年自有资金投入 4000 万元，第 2 年贷款投入 3000 万元，贷款年利

率为 8%。流动资金 800 万元，全部为自有资金。运营期各年净利润均为 1300 万元。则该项目资本金净利润率为（　　）。教材 P21

    A. 16.42%　　B. 16.67%　　C. 27.08%　　D. 32.5%

36. 下列收入中，不属于施工企业营业收入核算范围的是（　　）。教材 P117

    A. 劳务作业收入　　B. 设备租赁收入　　C. 合同变更收入　　D. 罚款净收入

37. 某技术方案设备及工器具购置费为 600 万元，建筑安装工程费为 1200 万元，工程建设其他费为 400 万元，基本预备费 200 万元，建设期 2 年，各费用在 2 年内均衡投入，建设期内平均价格上涨指数为 5%。该项目的涨价预备费为（　　）万元。教材 P167

    A. 90　　B. 92.25　　C. 137.25　　D. 167.75

38. 采用重点审查法审查施工图预算时审查的重点一般是（　　）的分部分项工程。教材 P225

    A. 单价经过换算的　　B. 不易被重视的　　C. 量大价高的　　D. 采用补充单位估价的

39. 采用工程量清单计价时，要求投标报价根据（　　）。教材 P244

    A. 业主提供的工程量，按照现行概算扩大指标编制得出　　B. 业主提供的工程量，结合企业自身所掌握的各种信息、资料及企业定额编制得出　　C. 承包商自行计算工程量，参照现行预算定额规定编制得出　　D. 承包商自行计算工程量，结合企业自身所掌握各种信息、资料及企业定额编制得出

40. 某技术方案，第 1-2 年每年年末投入建设资金 100 万元，第 3-5 年每年年末获得利润 80 万元，已知基准收益率为 8%，则该项目的财务净现值 FNPV 为（　　）万元。教材 P25

    A. -45.84　　B. -1.56　　C. 22.76　　D. 42.55

41. 当施工合同结果能可靠地估计时，建造合同收入的确认方法主要是完工百分比法，即根据合同（　　）来确认合同收入。教材 P114

    A. 完工进度　　B. 完工产值　　C. 完工成本　　D. 完工作业量

42. 某技术方案运用价值工程优选设计方案，分析计算结果见下表，则最佳方案为（　　）。教材 P69

设计方案	甲	乙	丙	丁
成本系数	0.245	0.305	0.221	0.229
功能系数	0.251	0.227	0.263	0.209

    A. 甲方案　　B. 乙方案　　C. 丙方案　　D. 丁方案

43. 某工程合同总额 200 万元，工程预付款位为 24 万元，主要材料、构件所占比重为 60%，则起扣点为（   ）万元。**教材 P280**

　　A. 155　　B. 160　　C. 165　　D. 170

44. 工程造价管理机构确定建筑行业普工、一般技工、高级技工的最低日工资单价分别不得低于（   ）的 1.3 倍、2 倍、3 倍。**教材 P174**

　　A. 建筑施工企业所在地当地最低工资标准　　B. 工程项目所在地当地最低工资标准　　C. 全国各地平均最低工资标准　　D. 全国各行业平均最低工资标准

45. 某技术方案，当 $i_c=25\%$ 时，$FNPV=200$ 万元；当 $i_c=30\%$ 时，$FNPV=-60$ 万元。则该技术方案的财务内部收益率 $FIRR$ 最可能的是（   ）。**教材 P26**

　　A. 21.25%　　B. 27.50%　　C. 28.85%　　D. 32.14%

46. 企业按多步式利润表计算净利润的正确步骤是（   ）。**教材 P129**

　　A. 计算营业收入→计算营业利润→计算利润总额→计算净利润　　B. 计算营业收入→计算营业成本→计算营业利润→计算利润总额→计算净利润

　　C. 计算营业利润→计算利润总额→计算净利润　　D. 计算营业利润→计算利润总额→计算净利润→计算未分配利润

47. 当初步设计深度不够，不能准确地计算工程量，但工程设计采用的技术比较成熟且又有类似工程的工程造价可以利用时，可以采用（   ）编制工程概算。**教材 P208**

　　A. 工料单价法　　B. 概算指标法　　C. 概算定额法　　D. 类似工程预算法

48. 下列关于工程量清单作用的说法中，不正确的是（   ）。**教材 P226**

　　A. 工程量清单是支付工程进度款的依据　　B. 工程量清单办理工程索赔的重要依据　　C. 工程量清单是办理竣工决算的依据　　D. 工程量清单是询标、评标的基础

49. 根据《建设工程工程量清单计价规范》GB 50500—2013 招投标的工程，招标人要求的工期若压缩定额工期超过（   ），则应在招标文件中明示增加赶工费用。**教材 P266**

　　A. 15%　　B. 20%　　C. 30%　　D. 10%

50. 某生产单一产品的技术方案，预计年产量为 50000 件，单位产品销售价格为 6000 元/件，产品销售税税率为 5%，项目年度固定成本为 5000 万元，单位产品变动成本为 1700 元。该项目的生产能力利用率为（   ）。**教材 P38**

　　A. 12500 件　　B. 37500 件　　C. 25%　　D. 75%

51. 作为现金等价物的短期投资必须同时满足的条件不正确的是（   ）。**教材 P131**

　　A. 期限短，一般 6 个月到期　　B. 价值变动风险小　　C. 流动性强

　　D. 易于转换为已知金额的现金

52. 某产品分为 4 个功能区、目标成本为 800 万元，各功能区功能重要性系数和现实成本见下表，则该产品功能区的改进顺序应为（　　）。教材 P79

功能区	功能重要性系数	功能现实成本（万元）
F1	0.35	302
F2	0.24	230
F3	0.22	210
F4	0.19	178

　　A. F1、F2、F3、F4　　　　B. F2、F1、F4、F3

　　C. F1、F4、F3、F2　　　　D. F2、F3、F4、F1

53. 以下关于竣工结算的说法中，不正确的是（　　）。教材 P289

　　A. 同一工程竣工结算核对完毕，承发包双方签字确认后，禁止发包人要求承包人重复核对竣工结算　　B. 缺陷责任期终止后，承包人应按照施工合同约定向发包人提交竣工结算书　　C. 发包人收到承包人提交的竣工结算书 7 天内予以核实，并签发竣工结算支付证书，之后应于 14 天内支付竣工结算款　　D. 发包人未按约定向承包人支付竣工结算款的，如承发包双方未达成延期支付协议的，承包人可以要求工程折价或申请法院依法拍卖工程，承包人优先受偿

54. 工程造价管理机构在确定计价定额中的利润时，可按税前建筑安装工程费的（　　）费率计算。教材 P176

　　A. 不低于 3%且不高于 5%　　　B. 不高于 7%　　　C. 不低于 3%且不高于 7%

　　D. 不低于 5%且不高于 7%

55. 敏感性分析的一般步骤包括：①确定敏感性因素；②确定评价指标；③分析不确定性因素的波动幅度及其对评价指标可能带来的增减变化情况；④选择需要分析的不确定性因素。这些步骤的正确顺序应为（　　）。教材 P40

　　A. ①②③④　　　B. ②④③①　　　C. ②①④③　　　D. ④③②①

56. 以下关于营业增长率指标的说法中，不正确的是（　　）。教材 P141

　　A. 营业增长率是反映企业发展能力的比率指标　　　B. 营业增长率反映了企业经营状况和市场占有能力　　　C. 营业增长率若大于零，表明企业本期营业收入有所增长、市场前景较好　　　D. 营业增长率的分子等于年末营业收入减去年初营业收入

57. 编制材料消耗定额时，材料净用量的确定方法不包括（　　）。教材 P186

　　A. 理论计算法　　　B. 经验法　　　C. 比较类推法　　　D. 测定法

58. 某企业欲从国外引进甲、乙先进技术，假如 2 种技术的生产效率相同，引进甲

技术的一次性投资为 300 万元，年生产成本为 20 万元；引进乙技术的一次性投资为 400 万元，年生产成本为 10 万元。设基准收益率为 6%，则（　　）。教材 P83

A. 应该引进甲技术　　B. 甲、乙技术经济效益相同　　C. 应该引进乙技术

D. 不能判断应该引进哪种技术

59. 当发生施工合同外零星工作时，承包人应在收到发包人指令后（　　）内向发包人提交现场签证报告，发包人应在（　　）内核实，过时未提出修改意见，则视为承包人的要求已被发包人认可。教材 P277

A. 7 天，7 天　　B. 7 天，48 小时　　C. 14 天，14 天　　D. 14 天，7 天

60. 资本金现金流量表是从技术方案的项目法人角度出发，以（　　）作为计算基础，考察投资者权益投资的获利能力。教材 P44

A. 总投资　　B. 资本金　　C. 负债资金　　D. 建设投资

二、多项选择题（共 20 题，每题 2 分。每题的备选项中，有 2~4 个以上符合题意，至少有 1 个错项。错选，本题不得分；少选，所选的每个选项得 0.5 分）

61. 以下属于施工企业营业外支出的有（　　）。教材 P117

A. 债务重组损失　　B. 计提的存货跌价准备　　C. 固定资产盘亏　　D. 捐赠支出　　E. 罚款支出

62. 财务净现值 FNPV 和财务内部收益率 FIRR 作为评价投资方案经济效果的主要指标，二者的共同特点有（　　）。教材 P27

A. 均考虑了项目在整个计算期内的经济状况　　B. 均取决于投资过程的现金流量而不受外部参数影响　　C. 均可用于独立方案的评价，并且结论是一致的

D. 均能反映投资过程的收益程度　　E. 均考虑资金的时间价值

63. 人工费包括特殊情况下支付的工资，具体有（　　）等原因按计时工资标准或计件工资标准的一定比例支付的工资。教材 P169

A. 因病、工伤　　B. 探亲假、定期休假　　C. 法定节假日加班　　D. 高空作业　　E. 停工学习

64. 商业信用融资方式主要包括（　　）。教材 P145

A. 预收账款　　B. 应付账款　　C. 应付票据　　D. 短期借款　　E. 融资租赁

65. 与购置设备相比，采用设备融资租赁方式的优越性在于（　　）。教材 P63

A. 融资租赁合同在通知对方后可以终止，较灵活　　B. 融资租赁租金可在所得税前扣除　　C. 不会恶化企业的资产负债状况　　D. 在融资租赁期内设备可用于担保、抵押贷款　　E. 在资金短缺的情况下，获得生产急需的设备，加

速了技术进步

66. 国际工程投标报价时，分项工程人、料、机费用常用的估价方法有（　　）。教材 P305

    A. 匡算估价法　　B. 类比估价法　　C. 作业估价法　　D. 待摊估价法

    E. 定额估价法

67. 财务会计是通过对企业已经完成的资金运动全面核算和监督，为外部利害集团提供企业的（　　）等经济信息为主要目标而进行的经济管理活动。教材 P86、125

    A. 财务状况　　B. 经营成果　　C. 会计等式　　D. 财务报表　　E. 现金流量

68. 分部分项工程项目清单中的项目特征描述了分部分项工程自身价值的本质特征，其重要意义在于（　　）。教材 P228

    A. 是区分清单项目的依据　　B. 是确定不可预见费的依据　　C. 是投标人确定综合单价的重要依据　　D. 是现场零星工作计价的依据　　E. 是履行施工合同义务的基础

69. 以下关于招标控制价的说法中，正确的有（　　）。教材 P239

    A. 招标控制价是招标人对招标工程限定的最高工程造价　　B. 招标人应在招标文件中如实公布招标控制价　　C. 招标控制价可以上浮或下浮，只要在投标截止日前至少 15 天前即可　　D. 招标文件中应公布招标控制价各组成部分的详细内容　　E. 招标控制价超原批准的工程概算时，招标人应将招标控制价报原概算审批部门审核

70. 所有者权益变动表反映了（　　）的年初和年末余额及其调节情况。教材 P129

    A. 实收资本　　B. 资本公积　　C. 盈余公积　　D. 净利润　　E. 未分配利润

71. 下列投资方案经济效果评价指标中，属于偿债能力分析指标的有（　　）。教材 P20

    A. 总投资收益率　　B. 财务内部收益率　　C. 利息备付率　　D. 财务净现值　　E. 资产负债率

72. 工程建设其他费的组成之一是"与项目建设有关的其他费用"，其中包括"引进技术和进口设备其他费"，具体指（　　）。教材 P163

    A. 国外工程技术人员来华费用　　B. 特殊设备安全监督检验费　　C. 技术引进费　　D. 分期或延期付款利息　　E. 进口设备检验鉴定费用

73. 下列因素中，影响基准收益率大小的有（　　）。教材 P29

A. 单位资金成本　　B. 单位投资机会成本　　C. 贷款准备金率　　D. 通货膨胀率　　E. 风险补贴率

74. 下列费用中，属于建筑安装工程费中施工机具使用费的有（　　）。**教材 P170**

A. 施工机械使用费　　B. 工程设备费　　C. 仪器仪表使用费　　D. 固定资产使用费　　E. 检验试验费

75. 关于编制工程量清单其他项目报价的说法中，正确的有（　　）。**教材 P246**

A. 暂列金额按招标人在其他项目清单中列出的金额填写，不得变动　　B. 材料暂估价由投标人根据市场实际情况自主报价　　C. 总承包服务费由投标人根据招标文件中列出的内容和提出的要求自主报价　　D. 专业工程措施项目费由投标人根据施工组织设计或施工方案自主报价　　E. 计日工按招标人在其他项目清单中列出的项目和估算的数量，由投标人自主确定综合单价并计算计日工费用

76. 下列关于价值工程的说法中，正确的有（　　）。**教材 P70**

A. 价值工程的核心是对产品进行功能分析　　B. 降低产品成本是提高产品价值的唯一途径　　C. 价值工程活动应侧重于产品的研究、设计阶段　　D. 功能整理的核心任务是剔除不必要功能　　E. 功能评价的主要任务是确定功能的目标成本

77. 采用工程量清单计价模式时，不得作为竞争性费用的有（　　）。**教材 P246**

A. 安全文明施工费　　B. 其他项目费　　C. 规费　　D. 税金　　E. 风险费用

78. 下列各项，属于施工企业期间费用的有（　　）。**教材 P107**

A. 管理费用　　B. 财务费用　　C. 生产费用　　D. 直接费用　　E. 间接费用

79. 根据《建设工程工程量清单计价规范》GB50500—2013 招投标的工程，投标人编制投标报价的依据有（　　）。**教材 P244**

A. 拟定的施工组织设计或施工方案　　B. 预算定额　　C. 招标人提供的工程量清单　　D. 拟定的施工技术措施　　E. 市场价格或工程造价管理机构发布的工程造价信息

80. 偿债备付率是指项目在借款偿还期内各年可用于还本付息的资金与当期应还本付息金额的比值。其中，可用于还本付息的资金包括（　　）。**教材 P29**

A. 利润总额　　B. 建设期利息支出　　C. 成本中列支的利息费用　　D. 可用于还款的折旧和摊销费　　E. 可用于还款的利润

2015年模拟卷三答案及解析

一、参考答案

题号	答案	题号	答案	题号	答案	题号	答案	题号	答案
1	A	17	C	33	D	49	B	65	BCE
2	A	18	D	34	A	50	C	66	ACE
3	B	19	D	35	C	51	A	67	ABE
4	D	20	D	36	D	52	D	68	ACE
5	D	21	A	37	C	53	B	69	ABDE
6	B	22	B	38	C	54	D	70	ABCE
7	D	23	C	39	B	55	B	71	CE
8	D	24	A	40	B	56	D	72	ACDE
9	A	25	C	41	A	57	C	73	ABDE
10	B	26	B	42	C	58	C	74	AC
11	B	27	B	43	B	59	B	75	ACE
12	B	28	A	44	B	60	B	76	ACE
13	D	29	C	45	C	61	ACDE	77	ACD
14	B	30	C	46	C	62	ACDE	78	AB
15	D	31	C	47	D	63	ABE	79	ACDE
16	D	32	D	48	C	64	ABC	80	CDE

二、部分模拟题解答

3. 解答:

工程费用=建筑安装工程费+设备及工器具购置费=1000+700=1700(万元)

9. 解答:

$$某分部分项工程综合单价 = \frac{施工作业量的人、料、机、管理费、利润、风险费}{工程净量}$$

$$土方工程综合单价 = \frac{78905+10789+25571+39190+9221+4398}{3951} \approx 42.54(元/m^3)$$

11. 解答:

所有者权益=净资产=资产−负债=(2000+5000)−(500+1500)=5000(万元)

15. 解答:

第3年末 $F = P+I = P+P \cdot i \cdot n = 15000 \times (1+8\% \times 3) = 18600(元)$

第13年末 $F = 18600 \cdot (F/P, 7\%, 10) = 18600 \cdot (1+7\%)^{10} = 36586(元)$

17. 解答：

实际量 15000m³＞计划量 10000×（1+15%）=11500m³，超出 11500m³ 的工程量应按新单价结算。

混凝土结算款 =11500×400+（15000－11500）×400×0.9=5860000（元）

20. 解答：

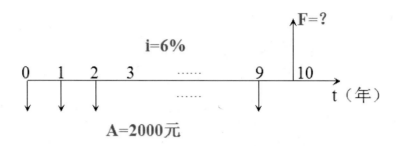

解法一：$F = 2000 \cdot (F/P,6\%,1) \cdot (F/A,6\%,10) = 27942(元)$

解法二：$F = 2000 \cdot (F/A,6\%,11) - 2000 = 27942(元)$

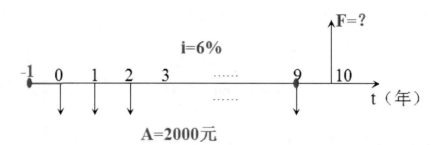

解法三：$F = 2000 \cdot (F/A,6\%,10) \cdot (F/P,6\%,1) = 27942(元)$

22. 解答：

$$设备的平均年度资产消耗成本 = \frac{P - L_N}{N} = \frac{38 - 2.5}{12} = 2.96(万元)$$

23. 解答：

先计算个别资金成本率：

$$优先股 i_1 = \frac{1200 \times 9\%}{1200 \times (1-3\%)} \approx 9.28\%$$

$$债券 i_2 = \frac{2800 \times 7\% \times (1-25\%)}{2800 \times (1-5\%)} \approx 5.53\%$$

再计算加权平均资金成本率：

$$i = 9.28\% \times \frac{1200}{4000} + 5.53\% \times \frac{2800}{4000} \approx 6.66\%$$

27. 解答:

$$产量定额 = \frac{1}{时间定额} = \frac{1}{0.65} = 1.54(m^3/工日)$$

32. 解答:

$$R = \frac{P}{N} + P \cdot i + P \cdot r = \frac{95}{6} + 95 \times 8\% + 95 \times 5\% = 28.18(万元)$$

35. 解答:

$$资本金净利润率 = \frac{净利润}{资本金} \times 100\% = \frac{1300}{4000+800} \times 100\% = 27.08\%$$

37. 解答:

工程费用 $= 1200 + 600 = 1800(万元)$

$$第1年工程费用的涨价预备费 = \frac{1}{2} \times 1800 \times \left[(1+5\%)^1 - 1\right] = 45(万元)$$

$$第1年工程费用的涨价预备费 = \frac{1}{2} \times 1800 \times \left[(1+5\%)^2 - 1\right] = 92.25(万元)$$

涨价预备费 $= 45 + 92.25 = 137.25(万元)$

40. 解答:

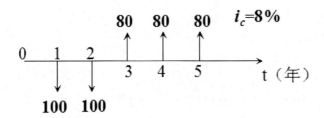

$$FNPV = -100 \cdot (P/F,8\%,1) - 100 \cdot (P/F,8\%,2) + 80 \cdot (F/A,8\%,3) \cdot (P/F,8\%,5)$$
$$= -1.56(万元) < 0, \ 方案不可行。$$

42. 解答:

$$V_甲 = \frac{F_甲}{C_甲} = \frac{0.251}{0.245} \approx 1.024$$

$$V_乙 = \frac{F_乙}{C_乙} = \frac{0.227}{0.305} \approx 0.744$$

$$V_丙 = \frac{F_丙}{C_丙} = \frac{0.263}{0.221} \approx 1.190$$

$$V_\text{丁} = \frac{F_\text{丁}}{C_\text{丁}} = \frac{0.209}{0.229} \approx 0.913$$

多方案择优时，价值系数最大的方案为最优，故丙方案最优。

50. 解答：

设产品产量为 Q 件，

令收入－费用 $=0$，即 $(6000 - 6000 \times 5\%) \cdot Q - 5000 \times 10^4 - 1700 \cdot Q = 0$

解得 $BEP(Q) = 12500$（件）

$$BEP(\%) = \frac{BEP(Q)}{Q_d} \times 100\% = \frac{12500}{50000} \times 100\% = 25\%$$

52. 解答：

解法一：计算各功能区的价值系数 V，$V<1$ 且越小的功能区越应优先改进。

F_1 的成本系数 $C = \frac{302}{800} = 0.3775$，$F_1$ 的价值系数 $V = \frac{F}{C} = \frac{0.35}{0.3775} \approx 0.9272$

F_2 的成本系数 $C = \frac{230}{800} = 0.2875$，$F_1$ 的价值系数 $V = \frac{F}{C} = \frac{0.24}{0.2875} \approx 0.8348$

F_3 的成本系数 $C = \frac{210}{800} = 0.2625$，$F_1$ 的价值系数 $V = \frac{F}{C} = \frac{0.22}{0.2625} \approx 0.8381$

F_4 的成本系数 $C = \frac{178}{800} = 0.2225$，$F_1$ 的价值系数 $V = \frac{F}{C} = \frac{0.19}{0.2225} \approx 0.8539$

故改进顺序为：F_2、F_3、F_4、F_1

解法二：计算各功能区的成本降低期望值 ΔC，$\Delta C > 0$ 且越大的功能区越应优先改进。

F_1 的功能评价值 $F = 0.35 \times 800 = 280$（元），$F_1$ 的 $\Delta C = C - F = 302 - 280 = 22$（元）

F_2 的功能评价值 $F = 0.24 \times 800 = 192$（元），$F_2$ 的 $\Delta C = C - F = 230 - 192 = 42$（元）

F_3 的功能评价值 $F = 0.22 \times 800 = 176$（元），$F_3$ 的 $\Delta C = C - F = 210 - 176 = 34$（元）

F_4 的功能评价值 $F = 0.19 \times 800 = 152$（元），$F_4$ 的 $\Delta C = C - F = 178 - 152 = 26$（元）

故改进顺序为：F_2、F_3、F_4、F_1

58. 解答：

$Z_j = C_j + P_j \cdot R_c$

$Z_\text{甲} = 20 + 300 \times 6\% = 38$（万元）

$Z_\text{乙} = 10 + 400 \times 6\% = 34$（万元）

$Z_\text{乙}$ 最低，故乙方案最优。